最新法律文件解读丛书

民事法律文件解读

总第 162 辑(2018. 6)

最新法律文件解读丛书编选组　编

人民法院出版社

图书在版编目(CIP)数据

民事法律文件解读. 总第162辑/最新法律文件解读丛书编选组编. —北京:人民法院出版社,2018.10
(最新法律文件解读丛书)
ISBN 978-7-5109-2207-7

Ⅰ.①民… Ⅱ.①最… Ⅲ.①民法-法律解释-中国②民事诉讼法-法律解释-中国 Ⅳ.①D923.05②D925.105

中国版本图书馆CIP数据核字(2018)第166614号

民事法律文件解读·总第162辑
最新法律文件解读丛书编选组　编

责任编辑 丁丽娜
出版发行 人民法院出版社
地　　址 北京市东城区东交民巷27号　邮编　100745
电　　话 (010)67550608(责任编辑)　67550558(发行部查询)
65223677(读者服务部)
客服QQ 2092078039
网　　址 http://www.courtbook.com.cn
E-mail courtbook@sina.com
印　　刷 三河市国英印务有限公司
经　　销 新华书店
开　　本 787×1092毫米　1/16
字　　数 140千字
印　　张 8
版　　次 2018年10月第1版　　2018年10月第1次印刷
书　　号 ISBN 978-7-5109-2207-7
定　　价 22.00元

卷首语

2018 年 6 月 1 日，最高人民法院印发了《关于加强和规范裁判文书释法说理的指导意见》（以下简称《意见》）。该《意见》是人民法院贯彻落实党的十九大精神，深化司法体制综合配套改革、加强法律文书释法说理的重要举措，是未来一个时期指导全国法院裁判文书改革的指导性文件。《意见》要求，根据案情是否重大复杂、诉讼各方争议程度、审判程序类型、案件社会影响大小、文书种类等不同情况进行繁简适度的说理，并分别提出“应当加强释法说理”和“可以简化释法说理”的具体情形，遵循文书制作的技术格式规范、语言文字规范等，从注重改革的系统性、整体性、协同性的要求出发，提出了指引机制、考核机制、评估评价机制、评查监督机制等配套建设要求，为法官裁判文书说理创造“愿说理”“敢说理”“会说理”“说好理”的良好环境。本辑收录了最高人民法院有关负责人撰写的解读文章。

2018 年 6 月 20 日，最高人民法院发布了第 18 批共 4 件指导性案例，包括 1 件刑事案例、1 件行政案例和 2 件民商事案例，本辑对其予以收录。指导案例 95 号《中国工商银行股份有限公司宣城龙首支行诉宣城柏冠贸易有限公司、江苏凯盛置业有限公司等金融借款合同纠纷案》裁判要点确认：当事人另行达成协议将最高额抵押权设立前已经存在的债权转入该最高额抵押担保的债权范围，只要转入的债权数额仍在该最高额抵押担保的最高债权额限度内，即使未对该最高额抵押权办理变更登记手续，该最高额抵押权的效力仍然及于被转入的债权，但不得对第三人产生不利影响。指导案例 96 号《宋文军诉西安市大华餐饮有限公司股东资格确认纠纷案》涉及国有企业改制为有限责任公司时初始章程约定“人走股留、公司回购”条款的效力问题，该指导案例确认的裁判规则符合法律规定和公司治理的基本原则精神，具有一定普遍性，对于类案审理具有一定指导价值。

《最新法律文件解读》丛书
编　辑　部

目　录

［法律、法律性文件与解读］

全国人民代表大会常务委员会

关于全国人民代表大会宪法和法律委员会职责问题的决定

（2018年6月22日第十三届全国人民代表大会常务委员会第三次会议通过）

根据宪法有关规定，第十三届全国人民代表大会第一次会议决定设立全国人民代表大会宪法和法律委员会。为了明确宪法和法律委员会的职责，全国人民代表大会常务委员会决定：

一、《中华人民共和国全国人民代表大会组织法》《中华人民共和国立法法》《中华人民共和国各级人民代表大会常务委员会监督法》《中华人民共和国全国人民代表大会议事规则》《中华人民共和国全国人民代表大会常务委员会议事规则》中规定的“法律委员会”的职责，由宪法和法律委员会承担。

二、宪法和法律委员会在继续承担统一审议法律草案等工作的基础上，增加推动宪法实施、开展宪法解释、推进合宪性审查、加强宪法监督、配合宪法宣传等工作职责。

关于《全国人民代表大会常务委员会关于全国人民代表大会宪法和法律委员会职责问题的决定（草案）》的说明

——2018年6月19日在第十三届全国人民代表大会常务委员会第三次会议上

全国人大常委会法制工作委员会主任　沈春耀

委员长、各位副委员长、秘书长、各位委员：

我受委员长会议委托，作关于《全国人民代表大会常务委员会关于全国人民代表大会宪法和法律委员会职责问题的决定（草案）》（以下简称《决定》）的说明。

一、关于作出《决定》的必要性

十三届全国人大一次会议审议通过的《宪法修正案》，将宪法第七十条第一款中的“法律委员会”修改为“宪法和法律委员会”。根据宪法有关规定，十三届全国人大一次会议决定设立全国人大宪法和法律委员会。适应这一变化，需要考虑：

一是宪法修改并设立全国人大宪法和法律委员会后，对相关法律规定有必要进行处理，使之与宪法规定相一致。经梳理，全国人大组织法、立法法、各级人民代表大会常务委员会监督法、全国人大议事规则、全国人大常委会议事规则等五部法律中，共有23个条款涉及“法律委员会”职责。经综合分析评估，对这些法律规定不宜采取“打包”方式进行修改，需要在今后适时修改相关法律时考虑修改上述规定。

二是全国人大专门委员会依照法律规定履行职责。宪法和法律委员会履行统一审议法律草案等职责，向全国人大及其常委会提出法律草案审议结果报告、修改情况汇报等重要文件。这些职责是现行有关法律规定的、由原法律委员会承担的职责，有必要对宪法和法律委员会更名后继续依照相关法律规定履行职责问题予以明确。

三是党的十九届三中全会通过的《深化党和国家机构改革方案》明确提出，全国人大宪法和法律委员会在继续承担统一审议法律草案工作的基础上，增加推动宪法实施、开展宪法解释、推进合宪性审查、加强宪法监督、配合宪法宣传等职责。这些新增加的宪法方面工作职责，体现本次修宪有关精神，有必要通过立法形式转化为宪法和法律委员会的法定职责。

四是全国人大常委会明确有关专门委员会职责，符合宪法精神和法治原则。根据宪法第七十条规定，在全国人民代表大会闭会期间，各专门委员会受全国人民代表大会常务委员会领导。

基于上述考虑，为了保证全国人大宪法和法律委员会依法履行相关职责，在有关法律规定修改之前，由全国人大常委会作出专门决定，对全国人大宪法和法律委员会职责及时予以明确，是必要的、可行的。据此，法制工作委员会起草了关于全国人大宪法和法律委员会职责问题的决定草案稿，于6月4日召开会议，与中央改革办、中央编办、司法部等部门共同研究并取得一致意见。经修改完善后，形成《全国人民代表大会常务委员会关于全国人民代表大会宪法和法律委员会职责问题的决定（草案）》。经6月11日委员长会议审议，决定提请本次常委会会议审议。

二、关于《决定》草案的内容

《决定》草案主要包括以下两项内容：

一是明确全国人大组织法、立法法、各级人民代表大会常务委员会监督法、全国人大议事规则和全国人大常委会议事规则等五部法律中规定的法律委员会的职责，由全国人大宪法和法律委员会承担。

二是规定宪法和法律委员会在继续承担统一审议法律草案工作的基础上，增加推动宪法实施、开展宪法解释、推进合宪性审查、加强宪法监督、配合宪法宣传等工作职责。

《决定》草案和以上说明是否妥当，请审议。

[司法解释、司法指导性文件与解读]

最高人民法院

关于仲裁机构“先予仲裁”裁决或者调解书立案、执行等法律适用问题的批复

法释〔2018〕10号

（2018年5月28日最高人民法院审判委员会第1740次会议通过　2018年6月5日最高人民法院公告公布　自2018年6月12日起施行）

广东省高级人民法院：

你院《关于“先予仲裁”裁决应否立案执行的请示》（粤高法〔2018〕99号）收悉。经研究，批复如下：

当事人申请人民法院执行仲裁机构根据仲裁法作出的仲裁裁决或者调解书，人民法院经审查，符合民事诉讼法、仲裁法相关规定的，应当依法及时受理，立案执行。但是，根据仲裁法第二条的规定，仲裁机构可以仲裁的是当事人间已经发生的合同纠纷和其他财产权益纠纷。因此，网络借贷合同当事人申请执行仲裁机构在纠纷发生前作出的仲裁裁决或者调解书的，人民法院应当裁定不予受理；已经受理的，裁定驳回执行申请。

你院请示中提出的下列情形，应当认定为民事诉讼法第二百三十七条第二款第三项规定的“仲裁庭的组成或者仲裁的程序违反法定程序”的情形：

一、仲裁机构未依照仲裁法规定的程序审理纠纷或者主持调解，径行根据网络借贷合同当事人在纠纷发生前签订的和解或者调解协议作出仲裁裁决、仲

裁调解书的；

二、仲裁机构在仲裁过程中未保障当事人申请仲裁员回避、提供证据、答辩等仲裁法规定的基本程序权利的。

前款规定情形中，网络借贷合同当事人以约定弃权条款为由，主张仲裁程序未违反法定程序的，人民法院不予支持。

人民法院办理其他合同纠纷、财产权益纠纷仲裁裁决或者调解书执行案件，适用本批复。

此复。

最高人民法院执行局负责人就《关于仲裁机构"先予仲裁"裁决或者调解书立案、执行等法律适用问题的批复》答记者问

《最高人民法院关于仲裁机构"先予仲裁"裁决或者调解书立案、执行等法律适用问题的批复》（以下简称批复）经最高人民法院审判委员会第1740次会议审议通过，于2018年6月12日施行。最高人民法院执行局负责人就批复的出台背景、起草过程以及主要内容等，回答了记者的提问。

问：请介绍一下批复的出台背景和起草过程？

答：2018年4月，广东省高级人民法院《关于"先予仲裁"裁决应否立案执行的请示》反映，该院辖区中级人民法院于2017年下半年陆续受理了一批申请执行仲裁机构经"先予仲裁"程序作出的裁决书、调解书案件，所涉及的法律问题难以把握。该院审判委员会讨论认为，"先予仲裁"不是民事诉讼法、仲裁法规定的仲裁裁决，不应作为执行依据。因考虑属新类型案件，法律适用问题疑难、复杂、重大，特向我院请示。

司法对仲裁的依法监督、支持和执行是维系仲裁制度良性运转的基础。最高人民法院出台《关于适用〈中华人民共和国仲裁法〉若干问题的解释》等多部与仲裁有关的司法解释和规范性文件，统一仲裁司法审查案件的法律适用标准，严格规范各地法院依法行使仲裁司法审查权，在民事诉讼法、仲裁法的框架下，依法保障仲裁裁决的终局性和执行力，推动我国仲裁事业健康有序发展。

最高人民法院对请示所涉网络借贷合同“先予仲裁”的新情况、新问题高度重视。执行局迅速赴北京、浙江、广东等多地法院进行重点调研。调研中相关法院反映，近期大量网络借贷合同当事人持名为“先予仲裁”的仲裁裁决或者调解书申请执行。各地法院对“先予仲裁”的性质、应否执行、如何执行等法律适用问题存在较大分歧，法律适用标准及处理情况不统一。有观点认为，“先予仲裁”不是民事诉讼法、仲裁法规定的仲裁裁决，不应作为执行依据。也有观点认为，该类裁决应予执行，“先予仲裁”侧重事前化解纠纷，预防交易风险，符合仲裁纠纷解决方式多元化的发展趋势。还有观点认为，该类裁决的性质与赋予强制执行力的公证债权文书具有同等法律效力。

为尽快统一法律适用标准，我院就广东高院请示的相关法律适用问题着手起草批复，形成初稿后，广泛征求了专家学者的意见，听取了检察机关、一线执行法官、部分仲裁和公证机构的意见。在充分吸收各方意见的基础上，形成征求意见稿，专门征求全国人大常委会法制工作委员会的意见。该委表示无不同意见。2018 年 5 月 28 日，批复提交最高人民法院审判委员会审议通过。

问：各地反映的网络借贷合同“先予仲裁”呈现什么特点？

答：随着互联网金融的快速发展，由于金融监管政策原因，P2P 网贷平台自身被禁止提供增信措施，有些网贷平台就通过引入仲裁，为借贷交易的信用背书。部分仲裁机构为拓展仲裁业务而创新出“先予仲裁”，服务对象主要是大型网贷平台，借款人是分散在全国各地的网民，金额一般为数百元至数万元。概括其模式为，为确保今后双方履行确定的权利义务，保障将来权益得以实现，避免之后再去仲裁或者诉讼带来的麻烦，当事人在签订、履行网络借贷合同且未发生纠纷时，即请求仲裁机构依其现有协议先行作出具有约束力和执行力的法律文书，包括仲裁调解书和根据调解协议制作的仲裁裁决。部分仲裁机构近年受理此类案件数量达到百万件。

从各地情况看，“先予仲裁”的特点表现为，一是当事人订立借款合同当天即签订调解协议，并在两份协议中对仲裁事项作出约定。二是在合同尚未履行或者未完全履行的情况下申请仲裁，仲裁机构即根据之前的调解协议作出仲裁裁决或者调解书，同时出具生效证明。相关文书签署、送达等均在网络上完成。三是借款合同的出借人不明，部分合同上仅有借款人和居间人（即网贷平台），没有列明出借人。四是调解协议上的申请人为网贷平台，而网贷平台的经营范围不包括金融借贷业务；网贷平台则称通过债权转让方式取得债权，并申请仲裁、强制执行。五是调解协议对借款人的权利进行诸多限制。例如，明确约定对案件进行不公开、不开庭审理并同意在网络上完成审理；借款人对申请人提交的借款合同或者其他支付凭证以及其他相关证据材料均无异议；放弃提供证据；借款人放弃对仲裁请求的答辩权和其他权利等。六是有仲裁机构在仲裁规则中规定，合同在签订或者履行过程中，不论是否发生实质性或者公开性争议，均认为是仲裁案件，根据调解协议作出的仲裁法律文书不可申请撤销或者不予执行等。

问：批复针对网络借贷合同纠纷的仲裁裁决立案、执行等问题规定了哪些主要内容？

答：批复主要明确了三个方面的问题。

一是进一步明确对合法仲裁应当依法及时受理、及时立案执行。尊重、鼓励、支持当事人选择以仲裁方式解决纠纷，是人民法院一以贯之的司法态度。对经司法审查的合法仲裁裁决及时执行，也是人民法院的法定职责。因此，批复规定，当事人申请人民法院执行仲裁机构根据仲裁法作出的仲裁裁决或者调解书，人民法院经审查，符合民事诉讼法、仲裁法相关规定的，应当依法及时受理，立案执行。显然，尽管目前在网络借贷领域存在“先予仲裁”等颇具争议的现象，人民法院没有因噎废食，长期支持仲裁、尊重仲裁、依法维护仲裁裁决的终局性和强制执行力的司法态度和初衷没有发生任何改变。出台批复无非是为了解决实践中存在的，必须明确的法律适用问题而已。

二是明确仲裁机构在当事人未发生网络借贷合同纠纷时，先予作出的仲裁裁决或者调解书，不应作为执行案件立案受理。根据仲裁法第二条，仲裁机构可以仲裁的是平等主体之间发生的合同纠纷、其他财产权益纠纷。而纠纷的特点就在于当事各方对民事权利义务存在争议。仲裁的本质在于有争议或者纠纷实际发生，无争议即无仲裁，仲裁的启动必须以实际发生争议为前提。从“先予仲裁”案件特点看，当事人间只是存在发生纠纷的可能性或者风险，仲裁机构在纠纷未实际发生时，事先直接径行作出给付裁决或者调解书，脱离了仲裁的基本原理和制度目的。因此，我们认为，此类文书虽然名为仲裁裁决书、调解书，但不是民事诉讼法、仲裁法意义上的仲裁裁决或者调解书，其性质类似于对合同进行见证。对这类所谓的仲裁裁决或者调解书强制执行，缺乏法律依据。因此，批复规定，仲裁机构在纠纷发生前作出的仲裁裁决或者调解书，当事人申请执行的，人民法院应当裁定不予受理；已经受理的，裁定驳回执行申请。

三是在网络借贷合同纠纷中，批复明确了应当认定为仲裁程序违反法定程序的两种具体情形。网贷仲裁实践中，出现了很多创新做法。对于法律范围内的创新，人民法院予以支持。对于网络借贷合同纠纷中，当事人提出的仲裁程序违反法定程序的各类情形，我们抽丝剥茧、条分缕析，概括出以下两类情形。

一类是当事人签订网络借贷合同且尚未发生纠纷时即签订调解、和解协议并申请仲裁，后发生一方不履行或者不完全履行合同的情形，仲裁机构仍不经审理或者调解程序，就根据事先达成的调解、和解协议作出仲裁裁决或者仲裁调解书。我们认为，调解、和解协议是当事人为解决纠纷而达成的一致意思表示。仲裁庭没有审理合同履行的事实，没有听取当事人在纠纷发生后的意思表示，而是按纠纷发生前预设的调解、和解协议内容，径行作出仲裁裁决或者调解书，不仅剥夺了当事人的基本程序权利，而且影响正确、公正裁决。所作裁决或者调解书也不是当事人关于和解内容的真实合意，应当认定为仲裁的程序违反法定程序的情形，裁定不予执行。

另一类是部分网贷平台，采用格式条款约定借款人放弃申请仲裁员回避、提供证据、答辩等基本程序权利，甚至约定借款人放弃对仲裁裁决申请不予执行的权利。我们认为，格式条款是当事人为重复使用而预先拟定，并在订立时未与对方协商的条款，因此，合同法规定格式条款不得加重对方责任、排除对方主要权利。同理，仲裁协议中通过格式条款排除当事人申请回避、举证质证权利乃至仲裁裁决不予执行抗辩权利等法律赋予的基本程序权利，该格式条款无效。人民法院依法进行司法审查，充分保障当事人依法享有的基本程序权利。因此，批复规定，即使当事人事先放弃基本程序权利，但仲裁机构未保障前述权利的情形，也应认定为仲裁的程序违反法定程序，裁定不予执行。考虑到上述两种情形比较复杂，人民法院在立案时很难判断，一般应在立案后按照民事诉讼法、仲裁法及有关司法解释规定的程序进行司法审查，作出裁定。

问：批复适用于什么样的案件？为什么对仲裁调解书也规定了可以裁定不予执行？

答：首先，需要明确的是，批复属于司法解释的一种形式，按司法解释一般适用原则，司法解释施行前已经终审的案件申请再审的，一般不适用司法解释。同理，本批复施行前已执行终结或者执行完毕的案件，当事人申诉的，不适用本批复。其次，批复虽是针对广东高院请示的有关网络借贷合同“先予仲裁”法律适用问题作出，但考虑无论是网络借贷合同纠纷，还是其他合同纠纷、财产权益纠纷，在人民法院对其仲裁裁决进行司法审查时，适用法律的尺度应是一致的，故批复规定，其他合同纠纷、财产权益纠纷仲裁裁决或者调解书执行案件，适用本批复。再次，根据2006年施行的《最高人民法院关于适用〈中华人民共和国仲裁法〉若干问题的解释》第二十八条，当事人请求不予执行仲裁调解书或者根据当事人和解协议作出的仲裁裁决书，人民法院不予支持。这一规定是从尊重当事人意思自治，维护诚信，发挥仲裁调解优势的角度出发而制定，并非是指人民法院对仲裁调解书、仲裁和解裁决书放弃司法监督。因此，批复规定，仲裁机构未依照仲裁法规定的程序审理纠纷、主持调解，或者未保障仲裁当事人基本程序权利等“仲裁程序违反法定程序”的情形，同样应适用于仲裁调解书、仲裁和解裁决书。

问：据了解，长期以来最高人民法院始终对仲裁持支持态度，能否介绍一下具体情况？

答：最高人民法院高度重视包括仲裁制度在内的多元化纠纷解决机制的建设，注意充分发挥仲裁在解决纠纷、化解矛盾方面的重要作用。在2006年施行的《最高人民法院关于适用〈中华人民共和国仲裁法〉若干问题的解释》基础上，最高人民法院又陆续发布、施行了一系列有关规范仲裁司法审查的司法解释。比如，仅2018年，最高人民法院就分别出台、施行了《关于审理仲裁司法审查案件若干问题的规定》《关于仲裁司法审查案件报核问题的有关规定》《关于人民法院办理仲裁裁决执行案件若干问题的规定》等三部司法解释。这些司法解释，主要是增强仲裁司法审查程序的公开性、公正性、正当性，规范办理仲裁司法审查案件的裁量权。特别是人民法院对仲裁裁决作出否定性结论时，持十分审慎的态度。过去，只是规定对涉外仲裁裁决撤销或者不予执行时，需报最高人民法院审核。最近的司法解释进一步规定，下级法院对非涉外仲裁裁决拟作出否定性结论时，也需报上级人民法院审核。

长期以来，全国各级人民法院加大对仲裁裁决的执行力度，致力于解决仲裁裁决执行难问题。根据人民法院大数据平台的统计，2017 年，全国各级人民法院办结仲裁执行案件 267066 件；其中，裁定不予执行 1612 件，占比仅为 0.6%。不难看出，最高人民法院对仲裁事业健康发展的重视和支持。同时，我们也特别期望进一步规范仲裁工作，提高仲裁质量，增强仲裁的公正性和公信力，使仲裁与人民法院审判工作共同发挥好化解矛盾纠纷的重要作用。

最高人民法院
关于设立国际商事法庭若干问题的规定

法释〔2018〕11 号

（2018 年 6 月 25 日最高人民法院审判委员会第 1743 次会议通过 2018 年 6 月 27 日最高人民法院公告公布 自 2018 年 7 月 1 日起施行）

为依法公正及时审理国际商事案件，平等保护中外当事人合法权益，营造稳定、公平、透明、便捷的法治化国际营商环境，服务和保障“一带一路”建设，依据《中华人民共和国人民法院组织法》《中华人民共和国民事诉讼法》等法律，结合审判工作实际，就设立最高人民法院国际商事法庭相关问题规定如下。

第一条 最高人民法院设立国际商事法庭。国际商事法庭是最高人民法院的常设审判机构。

第二条 国际商事法庭受理下列案件：

（一）当事人依照民事诉讼法第三十四条的规定协议选择最高人民法院管辖且标的额为人民币 3 亿元以上的第一审国际商事案件；

（二）高级人民法院对其所管辖的第一审国际商事案件，认为需要由最高人民法院审理并获准许的；

（三）在全国有重大影响的第一审国际商事案件；

（四）依照本规定第十四条申请仲裁保全、申请撤销或者执行国际商事仲裁裁决的；

（五）最高人民法院认为应当由国际商事法庭审理的其他国际商事案件。

第三条 具有下列情形之一的商事案件，可以认定为本规定所称的国际商事案件：

（一）当事人一方或者双方是外国人、无国籍人、外国企业或者组织的；

（二）当事人一方或者双方的经常居所地在中华人民共和国领域外的；

（三）标的物在中华人民共和国领域外的；

（四）产生、变更或者消灭商事关系的法律事实发生在中华人民共和国领域外的。

第四条 国际商事法庭法官由最高人民法院在具有丰富审判工作经验，熟悉国际条约、国际惯例以及国际贸易投资实务，能够同时熟练运用中文和英文作为工作语言的资深法官中选任。

第五条 国际商事法庭审理案件，由三名或者三名以上法官组成合议庭。

合议庭评议案件，实行少数服从多数的原则。少数意见可以在裁判文书中载明。

第六条 国际商事法庭作出的保全裁定，可以指定下级人民法院执行。

第七条 国际商事法庭审理案件，依照《中华人民共和国涉外民事关系法律适用法》的规定确定争议适用的实体法律。

当事人依照法律规定选择适用法律的，应当适用当事人选择的法律。

第八条 国际商事法庭审理案件应当适用域外法律时，可以通过下列途径查明：

（一）由当事人提供；

（二）由中外法律专家提供；

（三）由法律查明服务机构提供；

（四）由国际商事专家委员提供；

（五）由与我国订立司法协助协定的缔约对方的中央机关提供；

（六）由我国驻该国使领馆提供；

（七）由该国驻我国使馆提供；

（八）其他合理途径。

通过上述途径提供的域外法律资料以及专家意见，应当依照法律规定在法庭上出示，并充分听取各方当事人的意见。

第九条 当事人向国际商事法庭提交的证据材料系在中华人民共和国领域外形成的，不论是否已办理公证、认证或者其他证明手续，均应当在法庭上质证。

当事人提交的证据材料系英文且经对方当事人同意的，可以不提交中文翻译件。

第十条 国际商事法庭调查收集证据以及组织质证，可以采用视听传输技术及其他信息网络方式。

第十一条 最高人民法院组建国际商事专家委员会，并选定符合条件的国际商事调解机构、国际商事仲裁机构与国际商事法庭共同构建调解、仲裁、诉讼有机衔接的纠纷解决平台，形成“一站式”国际商事纠纷解决机制。

国际商事法庭支持当事人通过调解、仲裁、诉讼有机衔接的纠纷解决平台，选择其认为适宜的方式解决国际商事纠纷。

第十二条 国际商事法庭在受理案件后七日内，经当事人同意，可以委托国际商事专家委员会成员或者国际商事调解机构调解。

第十三条 经国际商事专家委员会成员或者国际商事调解机构主持调解，当事人达成调解协议的，国际商事法庭可以依照法律规定制发调解书；当事人要求发给判决书的，可以依协议的内容制作判决书送达当事人。

第十四条 当事人协议选择本规定第十一条第一款规定的国际商事仲裁机构仲裁的，可以在申请仲裁前或者仲裁程序开始后，向国际商事法庭申请证据、财产或者行为保全。

当事人向国际商事法庭申请撤销或者执行本规定第十一条第一款规定的国际商事仲裁机构作出的仲裁裁决的，国际商事法庭依照民事诉讼法等相关法律规定进行审查。

第十五条 国际商事法庭作出的判决、裁定，是发生法律效力的判决、裁定。

国际商事法庭作出的调解书，经双方当事人签收后，即具有与判决同等的法律效力。

第十六条 当事人对国际商事法庭作出的已经发生法律效力的判决、裁定和调解书，可以依照民事诉讼法的规定向最高人民法院本部申请再审。

最高人民法院本部受理前款规定的申请再审案件以及再审案件，均应当另行组成合议庭。

第十七条 国际商事法庭作出的发生法律效力的判决、裁定和调解书，当事人可以向国际商事法庭申请执行。

第十八条 国际商事法庭通过电子诉讼服务平台、审判流程信息公开平台以及其他诉讼服务平台为诉讼参与人提供诉讼便利，并支持通过网络方式立案、缴费、阅卷、证据交换、送达、开庭等。

第十九条 本规定自2018年7月1日起施行。

最高人民法院

关于深入学习贯彻习近平生态文明思想为新时代生态环境保护提供司法服务和保障的意见

2018年5月30日　　法发〔2018〕7号

为深入学习贯彻习近平新时代中国特色社会主义思想特别是习近平生态文明思想和党的十九大精神，充分发挥人民法院审判职能作用，为新时代生态环境保护提供更加有力的司法服务和保障，制定如下意见。

一、坚持以习近平生态文明思想指导环境资源审判工作

1. 切实提高政治站位，把习近平生态文明思想贯彻到环境资源审判工作全过程。习近平生态文明思想是习近平新时代中国特色社会主义思想的重要组成部分，指明了新时代推进生态文明建设的方向。加强生态环境保护是建成富强民主文明和谐美丽的社会主义现代化强国的必然要求。各级人民法院要深入

学习贯彻习近平生态文明思想，准确把握服务保障新时代生态环境保护的目标任务，切实提高政治站位，增强责任感使命感。要把习近平生态文明思想体现和贯彻到环境资源审判工作全过程，围绕大局、完善思路、谋划发展，全面加强新时代生态环境保护司法服务和保障。

2. 以习近平生态文明思想为指引，树立新时代环境资源司法理念。坚持以人民为中心，不断满足人民群众日益增长的对优美生态环境和公正环境资源司法保障的需求，切实保障人民群众在健康、舒适、优美生态环境中生存发展的权利。坚持人与自然和谐共生，落实节约优先、保护优先、自然恢复为主的方针，通过有效法律手段把生产生活规制在资源环境承载能力范围内，推动实现经济全面发展、社会全面进步、生态全面优化。坚持绿水青山就是金山银山，统筹协调经济社会可持续发展与生态环境保护的关系，找准环境保护、经济发展与人民群众环境权益之间的平衡点，推动经济高质量发展和生态环境高水平保护。坚持山水林田湖草系统保护，统筹考虑自然生态各要素保护需要，探索创新审判执行方式，推动生态环境整体保护、系统修复、区域统筹、综合治理。

3. 用最严格的制度、最严密的法治保护生态环境。用最严格的制度、最严密的法治保护生态环境是习近平生态文明思想的重要内容。各级人民法院要深入学习贯彻习近平生态文明思想对于加强生态环境保护制度建设和法治保障的要求，紧紧围绕“努力让人民群众在每一个司法案件中感受到公平正义”的工作目标，切实贯彻节约资源和保护环境的基本国策，创新体制机制，完善裁判规则，通过专业化的环境资源审判落实最严格的源头保护、损害赔偿和责任追究制度，不断提升新时代生态环境保护的司法服务和保障水平。

二、服务保障污染防治和生态安全保护

4. 助力打好污染防治攻坚战。依法审理大气污染纠纷案件，严惩超标排污造成大气严重污染的违法行为，加大京津冀及周边、长三角、汾渭平原等重点区域的大气污染纠纷案件审理力度，为打赢蓝天保卫战提供坚强司法后盾。依法审理水污染纠纷案件，加大长江、黄河、鄱阳湖、洞庭湖、太湖等重点水域的水污染纠纷案件审理力度，严惩污染饮用水水源地违法行为，推动城市黑臭水体治理，维护水环境和水生态安全。依法审理土壤污染纠纷案件，准确界定土壤污染责任主体，探索多样化责任承担方式，妥善确定污染地治理、修复

和再利用方案，维护食品安全和生活环境安全。严厉打击非法转移、倾倒、利用和处置固体废物和垃圾等违法犯罪行为，妥善处理因垃圾焚烧、填埋引发的群体性纠纷，维护优美生活环境。依法审理噪声、振动等引发的环境污染案件，合理认定侵权责任构成要件，保障人民群众宁静生活的权益。

5. 依法保护海洋自然资源与生态环境。依法惩处非法向海洋排放污染物及破坏红树林、珊瑚礁等海洋生态环境的犯罪行为，依法审理涉及海岸工程建设项目、海洋工程建设项目、船舶及有关作业活动污染环境等案件，保护海洋生态环境安全。妥善审理涉及海洋动植物物种引进、海岛资源开发、海水养殖场建设各类案件，以及行政主管部门针对破坏海洋生态、海洋水产资源、海洋保护区等行为提起的海洋生态环境损害赔偿案件，保护海洋生态环境和自然资源。

6. 全面服务美丽乡村建设。贯彻乡村振兴战略，加大涉及农村人居环境整治案件审理力度。依法严惩污染乡村环境、河道非法采砂、盗伐滥伐林木、非法采矿及破坏性采矿、非法捕捞水产品等违法犯罪行为，探索将环境资源生态价值损失纳入定罪量刑情节。依法审理农业面源污染防治案件，推动生活垃圾、生活污水、畜禽养殖、农业种植等多种污染源集中处置和无害化治理，注重源头预防，改善农村生产、生活、生态环境。妥善审理因退耕还林还草还湿，退牧还草、禁牧轮休、草畜平衡，江河湖海限捕、禁捕等引发的权属、合同、侵权等纠纷案件，推动构建多元化生态补偿机制。依法审理发展乡村生态旅游过程中的合同及侵权纠纷案件，促进优质农业生态产品和服务供给，助力生态宜居的美丽乡村建设。

7. 不断提升生物多样性保护水平。依法惩治非法猎捕、杀害珍贵、濒危野生动物，非法狩猎及非法交易野生动植物制品等违法犯罪行为，维护物种多样性。严厉打击走私国家禁止进口动植物及其制品的违法犯罪行为，防控外来生物入侵。妥善审理环境污染及过度开发利用破坏生物多样性及种群关键栖息地案件，维护生态系统多样性。妥善审理生物多样性保护与生物遗传资源案件，推进濒危野生植物资源原生境保护，有效保护我国生物基因资源库。积极研究生物资源产权保护、有偿使用、综合利用以及生物技术等相关法律问题，推动完善生物多样性保护法律体系。

8. 从严保障生态安全战略布局。配合“两屏三带”国家生态安全战略布局，严守生态保护红线、环境质量底线、资源利用上线，依法审理涉及水源涵养、水土保持、防风固沙、生物多样性维护等重点生态功能区域以及水土流失敏感区、沙漠化敏感区、石漠化敏感区、冻融侵蚀敏感区等生态环境敏感脆弱区域各类案件，坚持源头严防、过程严控、后果严惩，注重生态保护修复，构筑生态安全屏障。

三、服务保障经济高质量发展

9. 推动构建绿色产业结构。妥善审理经济结构和能源政策调整、产能过剩引发的企业改制、整合、破产等案件，依法支持和保障节能环保产业、清洁生产产业、清洁能源产业发展。妥善审理节能、节水、节材和资源综合利用等领域的专利、技术合同、不正当竞争、反垄断等知识产权纠纷，推动市场主体创新发展，促进传统企业向绿色产业转型升级。加强对涉及绿色信贷、绿色债券、绿色保险等金融工具的法律风险和规制研究，为绿色发展领域新类型案件的审理做好知识储备。通过具体案件的审理推动市场主体创新发展，保障重大生态修复工程的实施，增强优质生态产品生产能力，保障经济效益、社会效益、生态效益同步提升。

10. 推动形成绿色生产方式。妥善审理涉及土地、矿产、林业等自然资源开发利用案件，促进生产领域资源物耗减量化及清洁生产，形成全面节约、循环利用的绿色生产方式。依法审理合同能源管理、合同节水管理等节能服务相关案件，推进农业、工业、城镇节水改造，以及矿山企业技术和工艺改造等重点领域的能源节约，提高能源资源利用效率。深入研究用能权、用水权、排污权、碳排放权交易的法律属性、初始分配和交易规则，推动环境资源交易市场制度完善。

11. 推动形成绿色生活方式。妥善审理涉及共享经济、绿色建筑、新能源、新业态等领域环境资源相关案件，推动生产、流通、回收等环节绿色化。加大环境司法宣传力度，发挥典型案件的示范引领作用，培育社会公众的生态环境保护意识，推动全社会形成简约适度、绿色低碳的生活方式。

12. 推动企业积极承担生态环境保护社会责任。妥善处理列入重点生态功能区产业准入负面清单的企业关停并转过程中引发的破产、整合、职工安置等纠纷。鼓励企业开展技术创新和改造，督促上市公司、发债企业、重点排污企业等依法公开环境信息，将环境保护、环境管理要求纳入经营决策机制，自觉履行生态环境保护的主体责任。推动绿色公平营商环境建设，激发企业家诚信经营、节约资源、保护环境的积极性，引导企业积极承担生态环境保护社会责任及生产者延伸责任。

四、服务保障生态文明体制改革

13. 依法审理自然资源资产产权纠纷案件。贯彻生态环境监管体制改革要求，遵循资源公有、物权法定和统一确权登记原则，妥善审理涉及水流、森林、山岭、草原、荒地、滩涂等自然生态空间确权登记案件，依法保障国有资产统一监管机构加强国有自然资源产权保护。妥善审理矿业权审批及颁证、房地征收等行政案件，依法促进落实主体功能区规划，合理控制国土开发空间和强度，促进资源集约利用和有序开发。依法审理涉及海域使用权、矿业权、取水权、养殖权、捕捞权、林业权等自然资源用益物权纠纷，妥善处理司法裁判与行政监管的关系，维护资源开发利用秩序。妥善审理涉及自然资源开发利用的股权转让、承包、合作、出租、抵押等案件，促进自然资源有序利用和流转。

14. 加强环境公益诉讼审判工作。贯彻落实民事诉讼法、行政诉讼法、环境保护法要求，充分发挥环境公益诉讼制度维护国家利益、社会公共利益和公众环境权益功能，督促依法行政，推动完善环境治理体系。依法审理社会组织提起的环境公益诉讼案件，畅通诉讼渠道，保障社会组织公益诉权，完善审理程序和配套机制，引导社会公众有序参与生态环境保护。全面加强检察公益诉讼审判工作，在遵循民事诉讼、行政诉讼基本制度基础上不断完善审理程序和裁判规则，促进依法行政、严格执法，提升国家利益和社会公共利益司法保障水平。推动建立公益诉讼资金的管理、使用、审计监督等制度，确保资金用于受损生态环境修复治理。

15. 推进生态环境损害赔偿制度改革。贯彻落实中共中央办公厅、国务院办公厅《生态环境损害赔偿制度改革方案》要求，全面加强生态环境损害赔偿案件审判工作。完善赔偿协议司法确认程序，探索赔偿协议审查与公告制度，保障公众知情权。制定生态环境损害赔偿诉讼与环境公益诉讼衔接规则，推动健全生态环境损害司法鉴定和评估机制。根据赔偿义务人主观过错、经营状况等因素试行分期赔付，探索多样化责任承担方式，研究符合生态环境损害赔偿需要的诉前证据保全、先予执行、执行监督、生态环境修复效果评估等制度，确保生态环境得到及时有效修复。

16. 突出重点区域生态环境治理。加强长江经济带生态环境司法保障，坚持共抓大保护、不搞大开发，把修复长江生态环境摆在压倒性位置，充分运用司法手段修复受损生态环境，推动长江流域生态环境质量不断改善，助力长江经济带高质量发展。加强雄安新区规划建设和京津冀协同发展司法保障，妥善审理雄安新区建设中出现的环境资源纠纷案件。加强国家生态文明试验区建设司法保障，精准服务经济绿色发展，探索积累可复制可推广的有益经验。加强国家公园试点司法保障，妥善处理在统一环境准入和退出过程中引发的纠纷，推动构建以国家公园为主体的自然保护地体系，强化大面积自然生态系统原真性、整体性保护。加强国土空间主体功能区规划执行司法保障，立足优化开发、重点开发、限制开发、禁止开发的不同功能定位，确定相应的案件处理思路，推动实现人口与经济合理分布并与环境承载能力相适应。

五、健全完善环境资源审判体制机制

17. 完善环境资源专门化审判机制。坚持专业化发展道路，具备条件的高、中级人民法院可以在规定的内设机构总数内，通过单独设置的方式设立环境资源审判机构；尚不具备条件的，可以通过加挂牌子或者在相关审判庭内设立专业化合议庭或专门审判团队负责环境资源审判工作。继续深化法院组织体系改革，探索设立环境资源专业性法院。持续推进环境资源管辖制度改革，探索将跨省级行政区划等重大环境资源案件纳入跨行政区划集中管辖范围，推进跨区域司法协作、全流域协同治理。

18. 推动环境资源刑事、民事、行政案件由专门审判机构或者专业审判团队审理。充分发挥环境资源刑事、民事、行政审判合力，探索将环境污染和生态破坏相关刑事案件、环境资源民事案件、以生态环境和自然资源行政主管部门为被告的部分行政案件、环境公益诉讼案件以及生态环境损害赔偿案件等由环境资源专门审判机构或者专业审判团队审理的“二合一”或者“三合一”工作模式，妥善协调当事人应承担的刑事、民事、行政法律责任，促进生态环境的一体保护和修复。

19. 完善环境资源纠纷多元共治体系。保障人民群众对生态环境保护案件的知情权与参与权，贯彻落实人民陪审员法，对于重大环境资源案件和公益诉讼案件依法组成七人合议庭审理，尊重人民陪审员就事实认定问题的表决权。推动完善环境资源纠纷多元化解决机制，发挥行政调解、人民调解、行业调解、仲裁等非诉讼纠纷解决机制的作用。加强与公安机关、检察机关以及环境资源保护行政主管部门之间的证据提取、信息共享和工作协调，推动构建党委领导、政府负责、社会协同、公众参与、法治保障的现代化环境治理体系，协同打好污染防治攻坚战和生态文明建设持久战。

20. 加强环境资源审判国际司法交流合作。树立人类命运共同体理念，推动和引导应对气候变化、节能减排、生物多样性保护等领域国际司法交流合作。拓展环境资源法官国际交流、培训及互访渠道，定期举办环境司法国际论坛，加强环境资源法律比较研究和司法案例信息共享，展示中国生态环境保护和环境司法的发展成就，广泛传播中国环境资源司法理念。积极参与全球环境治理，促进形成公平合理、合作共赢的世界环境保护和可持续发展的司法解决方案，为全球生态文明建设作出积极贡献。

21. 建设专业化环境资源审判队伍。深入学习贯彻习近平新时代中国特色社会主义思想特别是习近平生态文明思想，牢固树立“四个意识”，坚定“四个自信”，着力强化环境资源审判队伍思想政治建设。坚持反腐败无禁区，根据环境资源案件涉及利益重大、主体多元、矛盾尖锐的特点，督促教育干警时刻保持高度警惕、警钟长鸣，严守廉政底线。适应新时代要求，加强环境资源审判专业培训和业务交流，努力打造一支政治强、本领高、作风硬、敢担当的专业化环境资源审判队伍。

关于发布《关于深入学习贯彻习近平生态文明思想为新时代生态环境保护提供司法服务和保障的意见》的新闻发布稿

最高人民法院副院长　江必新

各位记者朋友：

大家好！今天召开新闻发布会，发布《最高人民法院关于深入学习贯彻习近平生态文明思想为新时代生态环境保护提供司法服务和保障的意见》（以下简称《意见》)。按照安排，由我向大家简要介绍一下《意见》的起草背景、主要内容和特点。

一、《意见》的起草背景

生态环境既是关系党的使命宗旨的重大政治问题，又是关系民生的重大社会问题。党的十八大以来，党中央将生态文明建设作为统筹推进“五位一体”总体布局和协调推进“四个全面”战略布局的重要内容，开展了一系列根本性、开创性、长远性工作，推动生态环境保护发生历史性、转折性、全局性变化。党的十九大报告提出中国特色社会主义进入了新时代，并明确提出“我国社会主要矛盾已经转化为人民日益增长的美好生活需要和不平衡不充分的发展之间的矛盾”“到本世纪中叶，把我国建成富强民主文明和谐美丽的社会主义现代化强国”等重大政治论断和奋斗目标。今年5月18日至19日召开的全国生态环境保护大会系统、完整地提出了习近平生态文明思想。习近平总书记在会议上指出，总体上看，我国生态环境质量持续好转，出现了稳中向好趋势，但成效并不稳固。习近平总书记在讲话中提出的六大原则指明了新时代推进生态文明建设的方向，提出了通过构建生态文明体系建成美丽中国的两个阶段目标，并强调要把解决突出生态环境问题作为民生优先领域。当前，生态文明建设正处于“关键期”“攻坚期”“窗口期”，广大人民群众热切期盼加快提高生态环境质量。与之相应，人民群众日益增长的优美生态环境需要和公正环境资源司法保障的需求是环境资源审判工作最根本的出发点和落脚点。

近年来，各级人民法院紧紧围绕党和国家工作大局，依法惩治污染环境、破坏资源等犯罪，监督、支持行政机关依法履行环境资源保护职责，加大环境权益保护力度，积极推进环境公益诉讼，在保障人民群众身体健康、财产安全，维护国家利益和社会公共利益，促进经济社会可持续发展方面作出了积极贡献。江苏泰州水污染环境公益诉讼案、腾格里沙漠环境公益诉讼系列案、山东德州大气污染公益诉讼案、北京幼儿园“毒跑道”案等重大典型案件的审理，取得了较好的法律效果、社会效果和生态效果。

为更好地发挥环境资源审判职能作用，加强生态文明建设司法服务和保障，切实维护人民群众环境权益和环境公共利益，保障国家自然资源和生态环境安全，最高人民法院以习近平生态文明思想为指导，围绕审判工作需要，针对实践中亟待解决的突出问题，经过认真调查研究，制定了本《意见》。

二、《意见》的主要内容和特点

《意见》共分为五个部分21条。第一部分强调要坚持以习近平生态文明思想指导环境资源审判工作。第二部分到第四部分分别从服务保障污染防治和生态安全保护、服务保障经济高质量发展、服务保障生态文明体制改革三个方面明确了环境资源审判的工作重点。第五部分就进一步健全完善环境资源审判体制机制作出部署。《意见》主要围绕以下几方面作出规定。

一是强调坚持以习近平生态文明思想指导环境资源审判工作。各级人民法院要切实提高政治站位，增强责任感使命感，把习近平生态文明思想体现和贯彻到环境资源审判工作全过程。要以习近平生态文明思想为指导，树立新时代环境资源司法理念，推动环境资源审判工作科学发展。要坚持以人民为中心的理念，不断满足人民群众日益增长的对优美生态环境和公正环境资源司法保障的需求，切实保障人民群众在健康、舒适、优美环境中生存和发展的权利。要坚持人与自然和谐共生的理念，通过有效法律手段把生产生活规制在资源环境承载能力范围内，推动实现经济全面发展、社会全面进步、生态全面优化。要坚持绿水青山就是金山银山的理念，综合衡量合理利用环境容量发展经济的需要，推动经济高质量发展和生态环境高水平保护。要坚持山水林田湖草系统保护的理念，统筹考虑自然生态各要素保护需要，探索创新审判执行方式，推动生态环境整体保护、系统修复、区域统筹、综合治理。要以最严格的制度、最严密的法治保护生态环境，通过专业化的环境资源审判落实最严格的源头保护、损害赔偿和责任追究制度，不断提升新时代生态环境保护的司法服务和保障水平。

二是着力解决突出生态环境问题，服务保障污染防治和生态安全保护。要助力打好污染防治攻坚战，依法审理大气污染、水污染、土壤污染、固体废物和垃圾处置、噪声与振动污染等相关案件，加大京津冀及周边、长三角、汾渭平原等重点区域的大气污染纠纷案件审理力度，为打赢蓝天保卫战提供坚强司法后盾，加大长江、黄河、鄱阳湖、洞庭湖、太湖等重点水域的水污染纠纷案件审理力度，推动城市黑臭水体治理，切实保障人民群众在蓝天、碧水、净土、宁静良好生态环境中生活的权利。要依法保护海洋自然资源与生态环境，依法审理污染海洋生态环境、破坏海洋资源等案件。要全面服务美丽乡村建设，贯彻乡村振兴战略要求，依法审理农村自然资源开发利用、农村人居环境综合整治、农业生态产品和服务供给等各类案件，推动农业农村可持续发展，助力生态宜居的美丽乡村建设。要不断提升生物多样性保护水平，依法审理破坏生物多样性的案件，维护物种多样性和生态系统多样性，推动完善生物多样性保护法律体系。要从严保障生态安全战略布局，严守生态保护红线、环境质量底线、资源利用上线，依法审理涉重点生态功能区域、生态环境敏感脆弱区域案件，注重生态保护修复，构筑生态安全屏障。

三是积极谋划环境资源审判在经济新常态和供给侧结构性改革大局中的时代定位，服务保障经济高质量发展。通过审理节能节水、绿色技术、绿色金融相关案件，促进产业转型升级和产业结构调整，推动构建绿色产业结构。通过审理自然资源开发利用、节能服务相关案件，促进生产领域资源物耗减量化及清洁生产，提高能源资源利用效率，推动形成绿色生产方式。通过审理涉及共享经济、绿色建筑、新能源、新业态等领域环境资源及其他案件，推动生产、流通、回收等环节绿色化，推动形成绿色生活方式。通过审理相关案件督促上市公司、发债企业、重点排污企业等依法公开环境信息，将环境保护、环境管理要求纳入经营决策机制，推动绿色公平营商环境建设，推动企业积极承担生态环境保护社会责任。

四是围绕中心履职尽责、服务大局高效作为，服务保障生态文明体制改革。依法审理自然资源资产产权纠纷案件，妥善审理涉及水流、森林、山岭、草原、荒地、滩涂等自然生态空间确权登记案件，涉及自然资源开发利用的股权转让、承包、合作、出租、抵押等案件，促进自然资源有序利用和流转。加强环境公益诉讼审判工作，依法审理社会组织提起的环境公益诉讼案件，全面推进检察公益诉讼，提升国家利益和社会公共利益司法保障水平。推进生态环境损害赔偿制度改革，依法审理省级、市级政府提起的生态环境损害赔偿案件，完善审理规则。突出重点区域生态环境治理，进一步加大长江经济带发展、雄安新区规划建设和京津冀协同发展、国家生态文明试验区、国家公园试点、国土空间主体功能区规划执行等重点区域领域生态环境司法保护力度。

五是健全完善环境资源审判体制机制。《意见》强调，要完善环境资源专门化审判机制，坚持专业化发展道路，继续深化法院组织体系改革，持续推进环境资源管辖制度改革，探索将跨省级行政区划等重大环境资源案件纳入跨行政区划集中管辖范围，推进跨区域司法协作、全流域协同治理。要推动环境资源刑事、民事、行政案件由专门审判机构或者专业审判团队审理，充分发挥环境资源刑事、民事、行政审判合力，探索“二合一”或者“三合一”工作模式，保进生态环境的一体保护和修复。要完善环境资源纠纷多元共治体系，保障人民群众的知情权与参与权，推动完善环境资源纠纷多元化解决机制，推动构建党委领导、政府负责、社会协同、公众参与、法治保障的现代化环境治理体系，协同打好污染防治攻坚战和生态文明建设持久战。要加强环境资源审判国际司法交流合作，树立人类命运共同体理念，推动和引导应对气候变化、节能减排、生物多样性保护等领域国际司法交流合作，定期举办环境司法国际论坛，加强环境资源法律比较研究和司法案例信息共享，为全球生态文明建设作出积极贡献。要建设专业化环境资源审判队伍，深入学习贯彻习近平新时代中国特色社会主义思想特别是习近平生态文明思想，强化环境资源审判队伍思想政治建设及反腐倡廉教育，加强环境资源审判专业培训和业务交流，努力打造一支政治强、本领高、作风硬、敢担当的专业化环境资源审判队伍。

各位记者，明天就是世界环境日，我国今年环境日的主题是“美丽中国，我是行动者”。最高人民法院将以本《意见》的出台为契机，指导各级人民法院深入学习贯彻习近平生态文明思想，按照“努力让人民群众在每一个司法案件中感受到公平正义”的目标要求，围绕推进经济高质量发展、着力解决突出环境问题、打好污染防治攻坚战、加大生态系统保护力度、改革生态环境监管体制等工作任务，进一步加强监督指导、完善体制机制、锻造专业队伍，充分发挥审判职能作用，为加强新时代生态环境保护、推进生态文明建设和美丽中国建设提供有力司法服务和保障。

谢谢大家！

最高人民法院

印发《关于加强和规范裁判文书释法说理的指导意见》的通知

2018 年 6 月 1 日　　法发〔2018〕10 号

各省、自治区、直辖市高级人民法院，解放军军事法院，新疆维吾尔自治区高级人民法院生产建设兵团分院：

现将《最高人民法院关于加强和规范裁判文书释法说理的指导意见》印发给你们，请遵照执行。

最高人民法院

关于加强和规范裁判文书释法说理的指导意见

为进一步加强和规范人民法院裁判文书释法说理工作，提高释法说理水平和裁判文书质量，结合审判工作实际，提出如下指导意见。

一、裁判文书释法说理的目的是通过阐明裁判结论的形成过程和正当性理由，提高裁判的可接受性，实现法律效果和社会效果的有机统一；其主要价值体现在增强裁判行为公正度、透明度，规范审判权行使，提升司法公信力和司法权威，发挥裁判的定分止争和价值引领作用，弘扬社会主义核心价值观，努力让人民群众在每一个司法案件中感受到公平正义，切实维护诉讼当事人合法权益，促进社会和谐稳定。

二、裁判文书释法说理，要阐明事理，说明裁判所认定的案件事实及其根据和理由，展示案件事实认定的客观性、公正性和准确性；要释明法理，说明裁判所依据的法律规范以及适用法律规范的理由；要讲明情理，体现法理情相协调，符合社会主流价值观；要讲究文理，语言规范，表达准确，逻辑清晰，合理运用说理技巧，增强说理效果。

三、裁判文书释法说理，要立场正确、内容合法、程序正当，符合社会主义核心价值观的精神和要求；要围绕证据审查判断、事实认定、法律适用进行说理，反映推理过程，做到层次分明；要针对诉讼主张和诉讼争点、结合庭审情况进行说理，做到有的放矢；要根据案件社会影响、审判程序、诉讼阶段等不同情况进行繁简适度的说理，简案略说，繁案精说，力求恰到好处。

四、裁判文书中对证据的认定，应当结合诉讼各方举证质证以及法庭调查核实证据等情况，根据证据规则，运用逻辑推理和经验法则，必要时使用推定和司法认知等方法，围绕证据的关联性、合法性和真实性进行全面、客观、公正的审查判断，阐明证据采纳和采信的理由。

五、刑事被告人及其辩护人提出排除非法证据申请的，裁判文书应当说明是否对证据收集的合法性进行调查、证据是否排除及其理由。民事、行政案件涉及举证责任分配或者证明标准争议的，裁判文书应当说明理由。

六、裁判文书应当结合庭审举证、质证、法庭辩论以及法庭调查核实证据等情况，重点针对裁判认定的事实或者事实争点进行释法说理。依据间接证据认定事实时，应当围绕间接证据之间是否存在印证关系、是否能够形成完整的证明体系等进行说理。采用推定方法认定事实时，应当说明推定启动的原因、反驳的事实和理由，阐释裁断的形成过程。

七、诉讼各方对案件法律适用无争议且法律含义不需要阐明的，裁判文书应当集中围绕裁判内容和尺度进行释法说理。诉讼各方对案件法律适用存有争议或者法律含义需要阐明的，法官应当逐项回应法律争议焦点并说明理由。法律适用存在法律规范竞合或者冲突的，裁判文书应当说明选择的理由。民事案件没有明确的法律规定作为裁判直接依据的，法官应当首先寻找最相类似的法律规定作出裁判；如果没有最相类似的法律规定，法官可以依据习惯、法律原则、立法目的等作出裁判，并合理运用法律方法对裁判依据进行充分论证和说理。法官行使自由裁量权处理案件时，应当坚持合法、合理、公正和审慎的原则，充分论证运用自由裁量权的依据，并阐明自由裁量所考虑的相关因素。

八、下列案件裁判文书，应当强化释法说理：疑难、复杂案件；诉讼各方争议较大的案件；社会关注度较高、影响较大的案件；宣告无罪、判处法定刑以下刑罚、判处死刑的案件；行政诉讼中对被诉行政行为所依据的规范性文件一并进行审查的案件；判决变更行政行为的案件；新类型或者可能成为指导性案例的案件；抗诉案件；二审改判或者发回重审的案件；重审案件；再审案件；其他需要强化说理的案件。

九、下列案件裁判文书，可以简化释法说理：适用民事简易程序、小额诉讼程序审理的案件；适用民事特别程序、督促程序及公示催告程序审理的案件；适用刑事速裁程序、简易程序审理的案件；当事人达成和解协议的轻微刑事案件；适用行政简易程序审理的案件；适用普通程序审理但是诉讼各方争议不大的案件；其他适宜简化说理的案件。

十、二审或者再审裁判文书应当针对上诉、抗诉、申请再审的主张和理由强化释法说理。二审或者再审裁判文书认定的事实与一审或者原审不同的，或者认为一审、原审认定事实不清、适用法律错误的，应当在查清事实、纠正法律适用错误的基础上进行有针对性的说理；针对一审或者原审已经详尽阐述理由且诉讼各方无争议或者无新证据、新理由的事项，可以简化释法说理。

十一、制作裁判文书应当遵循《人民法院民事裁判文书制作规范》《民事申请再审诉讼文书样式》《涉外商事海事裁判文书写作规范》《人民法院破产程序法律文书样式（试行）》《民事简易程序诉讼文书样式（试行）》《人民法院刑事诉讼文书样式》《行政诉讼文书样式（试行）》《人民法院国家赔偿案件文书样式》等规定的技术规范标准，但是可以根据案件情况合理调整事实认定和说理部分的体例结构。

十二、裁判文书引用规范性法律文件进行释法说理，应当适用《最高人民法院关于裁判文书引用法律、法规等规范性法律文件的规定》等相关规定，准确、完整地写明规范性法律文件的名称、条款项序号；需要加注引号引用条文内容的，应当表述准确和完整。

十三、除依据法律法规、司法解释的规定外，法官可以运用下列论据论证裁判理由，以提高裁判结论的正当性和可接受性：最高人民法院发布的指导性案例；最高人民法院发布的非司法解释类审判业务规范性文件；公理、情理、经验法则、交易惯例、民间规约、职业伦理；立法说明等立法材料；采取历史、体系、比较等法律解释方法时使用的材料；法理及通行学术观点；与法律、司法解释等规范性法律文件不相冲突的其他论据。

十四、为便于释法说理，裁判文书可以选择采用下列适当的表达方式：案情复杂的，采用列明裁判要点的方式；案件事实或数额计算复杂的，采用附表的方式；裁判内容用附图的方式更容易表达清楚的，采用附图的方式；证据过多的，采用附录的方式呈现构成证据链的全案证据或证据目录；采用其他附件方式。

十五、裁判文书行文应当规范、准确、清楚、朴实、庄重、凝炼，一般不得使用方言、俚语、土语、生僻词语、古旧词语、外语；特殊情形必须使用的，应当注明实际含义。裁判文书释法说理应当避免使用主观臆断的表达方式、不恰当的修辞方法和学术化的写作风格，不得使用贬损人格尊严、具有强烈感情色彩、明显有违常识常理常情的用语，不能未经分析论证而直接使用"没有事实及法律依据，本院不予支持"之类的表述作为结论性论断。

十六、各级人民法院应当定期收集、整理和汇编辖区内法院具有指导意义的优秀裁判文书，充分发挥典型案例释法说理的引导、规范和教育功能。

十七、人民法院应当将裁判文书的制作和释法说理作为考核法官业务能力和审判质效的必备内容，确立为法官业绩考核的重要指标，纳入法官业绩档案。

十八、最高人民法院建立符合裁判文书释法说理规律的统一裁判文书质量评估体系和评价机制，定期组织裁判文书释法说理评查活动，评选发布全国性的优秀裁判文书，通报批评瑕疵裁判文书，并作为监督指导地方各级人民法院审判工作的重要内容。

十九、地方各级人民法院应当将裁判文书释法说理作为裁判文书质量评查的重要内容，纳入年度常规性工作之中，推动建立第三方开展裁判文书质量评价活动。

二十、各级人民法院可以根据本指导意见，结合实际制定刑事、民事、行政、国家赔偿、执行等裁判文书释法说理的实施细则。

二十一、本指导意见自2018年6月13日起施行。

解读——《关于加强和规范裁判文书释法说理的指导意见》

李少平*

2013年11月12日十八届三中、四中全会决定先后提出“增强法律文书说理性”“加强法律文书释法说理”的改革部署。

最高人民法院2014年7月4日发布、2015年2月4日修订的《关于全面深化人民法院改革的意见——人民法院第四个五年改革纲要（2014—2018）》除在“完善民事诉讼证明规则”“强化审级监督”“健全主审法官、合议庭办案机制”中涉及有关裁判文书改革的内容外，又专列“推动裁判文书说理改革”条目，即“根据不同审级和案件类型，实现裁判文书的繁简分流，加强对当事人争议较大、法律关系复杂、社会关注度较高的一审案件，以及所有的二审案件、再审案件、审判委员会讨论决定案件裁判文书的说理性。对事实清楚、证据确实充分、被告人认罪的一审轻微刑事案件，使用简化的裁判文书，通过填充要素、简化格式，提高裁判效率。重视律师辩护代理意见，对于律师依法提出的辩护代理意见未予采纳的，应当在裁判文书中说明理由。完善裁判文书说理的刚性约束机制和激励机制，建立裁判文书说理的评价体系，将裁判文书的说理水平作为法官业绩评价和晋级、选升的重要因素”。

经过多地调研，反复论证，最高人民法院2018年6月1日制定发布了《关于加强和规范裁判文书释法说理的指导意见》（以下简称《意见》）。此文结合对《意见》精神和内容的学习，就新时代裁判文书释法说理改革的功能定位及实现路径谈些体会。

一、新时代裁判文书释法说理改革的功能定位

最高人民法院较早以来就重视裁判文书释法说理改革。1999年10月20日发布的《人民法院五年改革纲要》、2009年3月17日发布的《人民法院第三

---

* 最高人民法院副院长。

个五年改革纲要（2009—2013）》均对裁判文书改革作了安排，但从实际效果来看，裁判文书说理性不强、说理不充分、论证不到位等问题仍未得到较好地解决，进而使得一些案件不时地成为热点敏感案件，严重损害司法公信力。立足于新时代建设中国特色社会主义的新要求，十八届三中、四中全会《决定》从更高的层面对裁判文书的说理性或者释法说理方面的改革提出新部署。《意见》既是落实《决定》和《人民法院第四个五年改革纲要》具体任务的实际举措，也是作为未来一个时期指导全国法院裁判文书释法说理工作的重要文件，契合十九大报告提出的"深化司法体制综合配套改革，全面落实司法责任制，努力让人民群众在每一个司法案件中感受到公平正义"的精神和要求。立足于此，新时代的裁判文书释法说理改革在以下几个方面具有重要功能。

（一）裁判文书释法说理改革是深化依法治国实践和提升国家治理能力的基础工程

十八届三中全会《决定》提出，"全面深化改革的总目标是完善和发展中国特色社会主义制度，推进国家治理体系和治理能力现代化"。十八届四中全会《决定》强调，"法治建设还存在许多不适应、不符合的问题，主要表现为：……执法司法不规范、不严格、不透明、不文明现象较为突出"。无论是深化依法治国实践还是提升国家治理能力，均离不开严格司法、离不开公正、高效、权威的社会主义司法制度的强有力支撑。裁判文书说理，事关审判权的严格规范行使，事关司法责任制的全面落实，事关裁判文书定分止争功能的发挥，事关司法公信力的不断提升。裁判文书的说理，在某种程度上是检测全面深化司法改革最终成效的重要指数，是助推人民法院审判能力现代化的重要切口，是促进国家治理能力现代化的重要途径。

（二）裁判文书释法说理改革是展示法院公正形象的载体工程

党的十八届四中全会《决定》强调，"公正是法治的生命线。司法公正对社会公正具有重要引领作用，司法不公对社会公正具有致命破坏作用"。习近平总书记指出，"司法是维护社会公平正义的最后一道防线"。按照中央的部署，为确保法院依法独立公正行使审判权，此轮司法体制改革中推出的系列举措，例如，建立领导干部干预司法活动、插手具体案件处理的记录、通报和责任追究制度、建立健全司法人员履行法定职责保护机制等，着重从外围建立确保司法公正的"防火墙"。"司法公正不仅要实现，而且要以看得见的方式实现"，裁判文书说理则是人民法院从内部增加的倒逼司法公正的"加压器"，是以“让人感觉到的方式”来呈现司法公正的重要环节和关键载体。

（三）裁判文书释法说理改革是提高司法产品质量和审判效率的优化工程

当前世界主要法治国家均面临一个共同的现实问题，即民众既要求严格司法，实现正义，又要求快速审判，提高效率，节约成本。随着经济社会的发展和人民群众法治意识、权利意识的增强，全国法院案件数量近年来持续大幅增长，始终保持高位运行。特别是随着立案登记制的实施和行政诉讼法等许多法律的修改或制定，“案多人少”矛盾在部分地区和法院愈发凸显。《意见》专门提出“繁简适度”的要求，不仅强调法官应当根据案情是否重大复杂、诉讼各方争议程度、审判程序类型、案件社会影响大小、文书种类等不同情况进行繁简适度的说理，而且详细列举了“应当加强说理”和“可以简化说理”的情形，确保“简案快审、繁案精审”“该繁则繁，当简则简，繁简适度”原则在裁判文书制作和说理环节的落实，从而更好地实现更高层次的司法公正与效率的有机统一。如果把公正的判决比作一份合格的司法产品，那么裁判文书说理在很大程度上决定着这份产品的质量和性价比。人民法院不断地优化裁判文书说理，必将为人民群众提供更多优质、高效的司法产品。

（四）裁判文书释法说理改革是推进司法公开的升华工程

审判公开作为我国宪法规定的一项重要原则，是社会主义司法民主政治的要求，是司法文明的标志，是司法公正的保障。十八届四中全会《决定》强调，“构建开放、动态、透明、便民的阳光司法机制，推进审判公开、检务公开、警务公开、狱务公开，依法及时公开执法司法依据、程序、流程、结果和生效法律文书，杜绝暗箱操作。加强法律文书释法说理，建立生效法律文书统一上网和公开查询制度”。最高人民法院近年来以此为动力，以上率下，统筹谋划，一体部署，强有力地采取了系列深化司法公开制度改革的工作举措，包括推进审判流程公开、庭审活动公开、裁判文书公开、执行信息公开四大平台建设，开通最高人民法院英文网站，法院政务网站、12368诉讼服务平台、法院微博、微信、移动新闻客户端的建设与升级，等等，使得我国的司法公开水平迅速地迈入世界先进行列。司法公开是一面镜子，是一块试金石，更是一缕阳光。《意见》强调的裁判文书说理公开、审判委员会讨论案件适用法律的理由公开、裁判文书说理如实反映庭审过程等等，必将促进司法的实质化公开迈上新台阶。

（五）裁判文书释法说理改革是改善人民群众公平正义获得感的民生工程

司法个案的案情不同，难易有别，具体当事人自然会存在不同的需求。对于简单案件，当事人对诉讼程序的需求更偏重于及时、便捷、低成本、高效益，不希望因为程序复杂导致诉讼拖延；而对于复杂程序，当事人往往更愿意法院严格适用普通程序进行实质化或者优质化审理，更期待法官进行精准到位的裁判文书说理，切实发挥司法裁判定分止争的功能。当前，一些法院的审判工作存在繁简不分、简案办不快、难案办不精等突出问题，不能充分满足人民群众的不同司法需求。《意见》深入贯彻以人民为中心的发展思想，充分关注有限司法资源与多元司法需求的冲突，根据案件的不同情形合理配置司法资源，即“说理支出”不是广洒“胡椒面”，而是有重点地“聚焦”，真正地把需要说的理说透讲明，不需要说的理绝不“无病呻吟”，不断地提升裁判文书对不同受众的说服效果，切实地“让人民群众在每一个司法案件中感受到公平正义”。

二、新时代裁判文书释法说理改革的基本遵循

无论是《意见》的起草制定，还是推进裁判文书释法说理工作，均应恪守以下基本遵循。

（一）坚持合法性原则

从裁判说理的立法化来看，域外一些国家在宪法中作出明文规定，更多的是在民事诉讼法和刑事诉讼法中加以具体规定，例如德国、韩国、日本、俄罗斯等等。我国 2017 年修正的民事诉讼法第一百五十二条针对民事判决书的记载内容明确规定，“判决书应当写明判决结果和作出该判决的理由”；第一百五十四条针对民事裁定书的记载内容明确规定，“裁定书应当写明裁定结果和作出该裁定的理由”。2017 年修正的行政诉讼法第四十三条第二款规定，“对未采纳的证据应当在裁判文书中说明理由”；2012 年修正的刑事诉讼法没有作出明文规定，但 2013 年 1 月 1 日《最高人民法院关于适用〈中华人民共和国刑事诉讼法〉的解释》第二百四十六条规定，“裁判文书应当写明裁判依据，阐释裁判理由，反映控辩双方的意见并说明采纳或者不予采纳的理由”；等等。这些法律和司法解释规定是《意见》的主要制定依据。

（二）坚持问题导向

习近平总书记多次在中央深改组会议上强调要坚持问题导向，例如，2015 年 8 月 8 日召开的第 15 次会议上强调，“要坚持问题导向，遵循司法规律”；2016 年 11 月 1 日召开的第 29 次会议上强调，“要坚持问题导向，哪里矛盾和

问题最突出，哪个疙瘩最难解，就重点抓哪项改革”；等等。无论是学术界的学理研究还是实务界的实证分析，均表明我国当下的裁判文书依然存在“不愿说理”“不善说理”“不敢说理”“说不好理”等方面的问题。《意见》以解决这些重点问题为出发点和落脚点，着重从裁判文书的说理要求、繁简指引、技术规制和机制配套等方面提出有针对性的意见和要求。

（三）坚持从实际出发

裁判文书是人民法院依照法律规定独立行使审判权，审理民事、刑事、行政等案件过程中制作的法律文书，是司法公正的最终载体。案件难易、讼争事实、审判程序、案情影响大小、文书种类等因素，均会直接或者间接地影响裁判文书的释法说理。《意见》不追求“大而全”，而是重点解决一些宏观层面的共性问题，至于刑事裁判文书说理、民事裁判文书说理、行政裁判文书说理等方面的个性问题，可在总结审判实践经验的基础上再分别作出细则性的规定。同时，针对一些实践中尚存在较大争议的问题，例如，合议庭成员不同意见及其理由是否在全部或者部分裁判文书中公开、裁判文书是否附加法官寄语，等等，《意见》未予明确，有待司法实践的进一步探索。

（四）坚持系统整体协同

十八届三中全会《决定》强调，“必须更加注重改革的系统性、整体性、协同性”。裁判文书说理是一项机制性改革，关联着司法责任制改革、多元化纠纷解决机制改革、繁简分流机制改革、以审判为中心的刑事诉讼制度改革等等。2016年《最高人民法院关于人民法院进一步深化多元化纠纷解决机制改革的意见》（法发〔2016〕14号）提出，“完善繁简分流机制。对调解不成的民商事案件实行繁简分流，通过简易程序、小额诉讼程序、督促程序以及速裁机制分流案件，实现简案快审、繁案精审。完善认罪认罚从宽制度，进一步探索刑事案件速裁程序改革，简化工作流程，构建普通程序、简易程序、速裁程序等相配套的多层次诉讼制度体系。按照行政诉讼法规定，完善行政案件繁简分流机制”。2016年《最高人民法院、最高人民检察院、公安部、国家安全部、司法部关于推进以审判为中心的刑事诉讼制度改革的意见》（法发〔2016〕18号）提出，“推进案件繁简分流，优化司法资源配置。完善刑事案件速裁程序和认罪认罚从宽制度，对案件事实清楚、证据充分的轻微刑事案件，或者犯罪嫌疑人、被告人自愿认罪认罚的，可以适用速裁程序、简易程序或者普通程序简化审理”。2016年《最高人民法院关于进一步推进案件繁简分流优化司法资源配置的若干意见》（法发〔2016〕21号）提出，“推行裁判文书繁简分流。根据法院审级、案件类型、庭审情况等对裁判文书的体例结构及说理进行繁简分流。复杂案件的裁判文书应当围绕争议焦点进行有针对性的说理。新类型、具有指导意义的简单案件，加强说理；其他简单案件可以使用令状式、要素式、表格式等简式裁判文书，简化说理。当庭宣判的案件，裁判文书可以适当简化。当庭即时履行的民事案件，经征得各方当事人同意，可以在法庭笔录中记录相关情况后不再出具裁判文书”。《意见》注重与前述有关改革文件内容的照应与配套，最大程度地提高改革集成度和优化整体改革效能。

三、新时代裁判文书释法说理改革的重点聚焦

《意见》的实施过程中，应着重聚焦以下几点。

（一）把握好裁判文书释法说理的“四项原则”

（1）合法性原则。此处“合法性”是指“合法律性”，即我国社会主义法制原则四句话中的“有法必依”，亦即十八届三中全会《决定》强调的“推进严格司法。坚持以事实为根据、以法律为准绳，健全事实认定符合客观真相、办案结果符合实体公正、办案过程符合程序公正的法律制度”。裁判文书说理“合法性”的要求贯穿审查判断证据、认定案件事实和适用法律、行使自由裁量权等方面。（2）正当性原则。此处“正当性”包括以下层面：一是“合理性”，裁判文书说理内容要正当合理，例如，说理的价值取向符合社会主义核心价值观；二是“平等性”，裁判文书说理应平等对待诉讼各方，回应诉讼各方的意见；三是“程序正当性”，裁判文书说理应符合“正当程序原理”和“程序正义”的基本要求和内在精神。（3）针对性原则。此处的“针对性”就是“有的放矢”，具体包括以下几个方面：一是裁判文书说理应针对诉讼各方的主张来进行；二是裁判文书说理应针对诉讼各方的争点来进行，既包括诉讼各方对证据“三性”（关联性、合法性和真实性）的争论，也包括事实认定方面的争论，还包括法律适用方面的争论；三是裁判文书说理应针对不同的受众来进行，案件当事人、与案件程序流转相关的法官、法律职业共同体、社会普通大众均会或多或少地直接或者间接地影响法官的裁判文书说理。（4）必要性原则。“必要性”就是“区别对待”和“适可而止”，具体包括：一是法官应根据案件难易、讼争事实、庭审情况的不同进行繁简适度的说理。简单案件简化说理，繁难案件需要强化说理。二是法官在判决书、裁定书、调解书、决

定书中的说理应存有差别。实体类的判决书、裁定书要求说理的程度较高，程序类的裁定书和决定书一般说理要求不高，调解书因双方当事人的合意处分因素自然地会减少说理的必要性。三是从协同性、配套性角度来说，不同的诉讼程序往往需要不同的裁判文书样式，其中就包括对裁判说理作出不同的安排，普通程序需要制作“要式裁判文书”，简易程序需要制作“简式裁判文书”。四是从不同层级法院功能的角度而言，四级法院制作的裁判文书的说理理应有别。十八届四中全会《决定》提出，“完善审级制度，一审重在解决事实认定和法律适用，二审重在解决事实法律争议、实现二审终审，再审重在解决依法纠错、维护裁判权威”。按照此种一审、二审、再审的功能定位，单纯审理一审案件的基层法院的裁判文书说理要求有别于中级、高级、最高法院制作的裁判文书，同时中级、高级、最高法院各自制作的一审裁判文书的说理要求也有别于二审、再审裁判文书。五是裁判文书说理应注意“度”的把握，一是从论点和论据的关系而言，既要求整个裁判文书的论据对于最终的裁判结论而言是充分的，也要求裁判文书中的每个论点均有充分的论据；二是从具体标准而言，裁判文书既不能说理不到位、有欠缺，也不能繁琐说理、啰嗦说理、“表演式”说理，而要谨守“中庸之道”，力争“恰到好处”。

（二）落实好裁判文书释法说理的“双轨分流”

繁简分流机制改革无论在中央部署的改革方案还是最高人民法院提出的改革纲要中均是一项重要的机制性改革。裁判文书的制作属于诉讼过程的终端环节，诉讼程序的繁简分流自然会要求裁判文书简式、要式并存、说理繁简有别。裁判文书说理的“繁简适度”，既符合司法审判规律，也符合成本—效率规律。无论从法理还是实务而言，个案本身要求说理的繁简程度是有别的，而非千篇一律地必须详细说理或者均可简略说理。从司法成本来看，在司法资源总量有限和“案多人少”矛盾未能根本缓解的情况下，简案简化说理，繁案强化说理，显然是优化既定投入的总量司法资源的具体表现。从司法为民来看，无论人民群众还是具体当事人，往往对每一个司法案件的公平正义的感受和司法需求会存在着差别，同样对每份裁判文书的说理要求也会不同。《意见》既有原则性要求，“根据案件社会影响、审判程序、诉讼阶段等不同情况进行繁简适度的说理，简案略说，繁案精说，力求恰到好处”，又详细列举了“应当加强释法说理”的具体情形，包括疑难、复杂案件；诉讼各方争议较大的案件；社会关注度较高、影响较大的案件；宣告无罪、判处法定刑以下刑罚、判处死刑的案件；行政诉讼中对被诉行政行为所依据的规范性文件一并进行审查的案件；判决变更行政行为的案件；新类型或者可能成为指导性案例的案件；抗诉案件；二审改判或者发回重审的案件；重审案件；再审案件；其他需要强化说理的案件。《意见》也详细列举了“可以简化释法说理”的具体情形，具体包括：适用民事简易程序、小额诉讼程序审理的案件；适用民事特别程序、督促程序及公示催告程序审理的案件；适用刑事速裁程序、简易程序审理的案件；当事人达成和解协议的轻微刑事案件；适用行政简易程序审理的案件；适用普通程序审理但是诉讼各方争议不大的案件，从而为法官提出了明确的操作指引。

（三）平衡好裁判文书释法说理的“双重属性”

裁判文书是人民法院依照法律规定独立行使审判权，审理民事、刑事、行政等案件过程中制作的法律文书。作为国家公文的裁判文书，具有法律和写作的双重属性，“法律属性”内在地要求规范性，而“写作属性”少不了灵活性。《意见》提出了“四条规诫”，即从下列方面提出了规范性要求：(1) 裁判文书应当遵循最高人民法院制作的系列文书样式的技术规范标准；(2) 裁判文书说理引用规范性法律文件应当遵循最高人民法院相关司法解释规定；(3) 裁判文书说理应当使用符合国家通用语言文字规范和标准的语言；(4) 裁判文书说理的行文应当规范、准确、清楚、朴实、庄重、精炼。与此同时，《意见》又作了系列灵活性规定，为裁判文书释法说理的个性化提供了指引，包括：(1) 根据案件情况，法官可以合理调整裁判文书事实认定和说理部分的体例结构。(2) 法官可以运用最高人民法院发布的指导性案例，最高人民法院发布的非司法解释类审判业务规范性文件，公理、情理、经验法则、交易惯例、民间规约、职业伦理，立法说明等立法材料，采取历史、体系、比较等法律解释方法时使用的材料，法理及通行学术观点，与法律、司法解释等规范性法律文件不相冲突的其他论据等七大类辅助论据来论证裁判理由，提高裁判结论的正当性和可接受性。(3) 为便于说理，法官可以在裁判文书中选择采用附图、附表等表达方式，例如案情复杂的，采用列明裁判要点的方式；案件事实或数额计算复杂的，采用附表的方式；裁判内容用附图的方式更容易表达清楚的，采用附图的方式；证据过多的，采用附录的方式呈现构成证据链的全案证据或证据目录；等等。(4) 法官必要时可以采用适当的修辞方法增强说理效果。

（四）建设好裁判文书释法说理的“四类配套机制”

裁判文书说理改革是一项系统工程。按照十八届三中全会《决定》“必须更加注重改革的系统性、整体性、协同性”的要求，《意见》提出了四个方面配套机制的建设要求，具体包括：（1）指引机制；（2）考核机制；（3）评估、评价机制；（4）评查、监督机制。此外，各级人民法院在落实《意见》过程中，还可以积极探索建立裁判文书释法说理的其他配套机制，例如法律保障机制、激励机制、责任机制、培训机制等等。这些配套机制的建设和运行，必将为法官裁判文书说理提供“愿说理”“敢说理”“善说理”“说好理”的良好环境。

裁判文书释法说理的目的是通过阐明裁判结论的形成过程和正当性理由，提高裁判的可接受性，实现法律效果和社会效果的有机统一。随着此项机制性改革的逐步深化，必将进一步增强裁判行为公正度、透明度，规范审判权行使，提升司法公信力和司法权威，发挥裁判的定分止争和价值引领作用，弘扬社会主义核心价值观，努力让人民群众在每一个司法案件中感受到公平正义，切实维护诉讼当事人合法权益，促进社会和谐稳定。

加强裁判文书释法说理
促进司法理性公正权威

——最高人民法院司改办负责人就《关于加强和规范裁判文书释法说理的指导意见》答记者问

最高人民法院2018年6月1日印发了《关于加强和规范裁判文书释法说理的指导意见》，最高人民法院司改办负责人就此回答了记者的提问。

问：最高人民法院出台《关于加强和规范裁判文书释法说理的指导意见》有何重要意义？

答：《意见》是人民法院贯彻落实党的十九大精神，深化司法体制综合配套改革、加强法律文书释法说理的重要举措，是未来一个时期指导全国法院裁判文书改革的指导性文件。习近平总书记在主持十九届中央全面深化改革领导小组第一次全体会议时指出:“学习贯彻党的十九大精神,要注意把握蕴含其中的改革精神、改革部署、改革要求,接力探索,接续奋斗,坚定不移将改革推向前进”,要“继续推动十八大以来部署的改革任务落实,梳理规划十九大提出的改革任务和举措”。自党的十八届三中全会和党的十八届四中全会提出“加强法律文书释法说理”的改革部署后,最高人民法院在“四五改革纲要”中也确立了“推动裁判文书说理改革”的具体任务。但是裁判文书说理改革涉及不同的诉讼领域、众多的文书种类、系列的配套机制建设等方方面面的理论与实践问题,可以说是司法改革项目中一块“难啃的硬骨头”。按照最高人民法院“四五改革纲要分工方案”,司改办牵头负责承担此项改革任务。司改办专门成立调研起草小组,制定周延的调研方案,到多地法院调研座谈,广泛征求地方法院、最高人民法院相关审判业务部门以及专家学者意见,数易其稿后征求了中央政法委和全国人大常委会法工委的意见,委托中国法学会征求了法学专家的意见,并由院领导主持会议邀请专业法官和诉讼法专家座谈讨论,最后形成送审稿,经院审委会讨论后再经院党组会讨论通过。这项改革措施的出台凝聚了诸多审判专家、法学专家的经验和心血,也是做成了一件说了多年、盼了多年的事情。

《意见》作为未来一个时期指导全国各级法院裁判文书释法说理改革的文件,必将在以下方面产生积极的作用:

一是进一步提高司法产品质量。裁判文书的主体部分是审查判断证据、认定事实和适用法律。释法说理性增强,必然会带来裁判文书质量的提高。

二是进一步提高司法效率。通过释法说理的繁简分流,简式裁判文书的适用,简单案件的简化说理,必然会节省法官办理相对简单案件的时间,同时确保相对多的时间来办理疑难复杂案件,提高整体的司法效率。

三是进一步促进司法公开。司法公开是一面镜子,是一块试金石,更是一缕阳光。《意见》强调裁判文书释法说理的公开、裁判文书释法如实反映庭审过程,必将在既往形式化公开的基础上促进司法的实质化公开迈上新台阶。

四是进一步促进司法公正和提升司法公信。司法公正不仅要实现,而且要以看得见的方式实现。裁判文书释法说理是以“让人感觉到的方式”来呈现司法公正的重要环节和关键载体,是人民法院从内部倒逼司法公正的“加压器”,提升司法公信力的“助推器”。

问：《意见》对裁判文书释法说理提出了哪些规律性要求？

答：裁判文书释法说理是诉讼活动的重要一环，《意见》从立足司法规律出发，着重从以下方面提出要求：

一是裁判文书释法说理要恪守五项原则，即合法性原则、正当性原则、层次性原则、针对性原则和繁简适度原则（第三条）。

二是合理界定裁判文书说理的内容范围，即阐明事理、释明法理、讲明情理和讲究文理（第二条）。

三是科学划分裁判文书说理的类型，即审查判断证据说理、认定事实说理、适用法律说理和行使自由裁量权说理，并以问题为导向，重点针对实践中存在的突出问题提出具体的规范要求（第四至七条）。

四是准确把握裁判文书制作的规范化和个性化的有机统一（第十一至十五条）。

五是科学构建符合裁判文书释法说理规律的统一裁判文书质量评估体系和评价机制（第十八条）。

问：《意见》对防止裁判文书说理千篇一律有何举措？

答：裁判文书属于国家法律公文的范畴，具有法律和写作的双重属性，"法律属性"内在地要求相对统一性和规范化，而"写作属性"少不了灵活性和个性化。《意见》着重从下列四个方面提出了规范性要求：

一是裁判文书应当遵循最高人民法院制作的系列文书样式的技术规范标准；

二是裁判文书说理引用规范性法律文件应当遵循最高人民法院相关司法解释规定；

三是裁判文书说理应当使用符合国家通用语言文字规范和标准的语言；

四是裁判文书说理的行文应当规范、准确、清楚、朴实、庄重、精炼。

同时，为了避免过去实践中存在的裁判文书说理"千篇一律""千人一面"的现象，《意见》又作了系列灵活性规定，为裁判文书释法说理的个性化提供指引，具体包括：

一是根据案件情况，法官可以合理调整裁判文书样式中事实认定和说理部分的体例结构（第十一条）。

二是法官可以运用最高人民法院发布的指导性案例、情理、法理等七大类辅助论据来论证裁判理由，提高裁判结论的正当性和可接受性（第十三条）。

三是为便于说理，法官可以在裁判文书中选择采用附图、附表等表达方式，例如案件事实或数额计算复杂的，采用附表的方式；裁判内容用附图的方式更容易表达清楚的，采用附图的方式；等等（第十四条）；

四是法官必要时可以采用适当的修辞方法增强说理效果，同时提出要避免使用主观臆断的表达方式、不恰当的修辞方法和学术化的写作风格，不得使用贬损人格尊严、具有强感情色彩、明显有违常识常理常情的用语。

问：裁判文书释法说理如何配合诉讼程序进行繁简分流？

答：2016 年《最高人民法院关于人民法院进一步深化多元化纠纷解决机制改革的意见》（法发〔2016〕14 号）提出，“完善繁简分流机制。对调解不成的民商事案件实行繁简分流，通过简易程序、小额诉讼程序、督促程序以及速裁机制分流案件，实现简案快审、繁案精审。完善认罪认罚从宽制度，进一步探索刑事案件速裁程序改革，简化工作流程，构建普通程序、简易程序、速裁程序等相配套的多层次诉讼制度体系。按照行政诉讼法规定，完善行政案件繁简分流机制”。裁判文书的制作属于诉讼过程的终端环节，诉讼程序的繁简分流自然会要求简式要式裁判文书并存、说理繁简适度有别。

《意见》从改革的系统性和协调性要求出发，一是提出裁判文书说理要坚持繁简适度原则，即“根据案件社会影响、审判程序、诉讼阶段等不同情况进行繁简适度的说理，简案略说，繁案精说，力求恰到好处”；二是分别详细列举了“应当加强释法说理”的具体情形，包括疑难、复杂案件；诉讼各方争议较大的案件；社会关注度较高、影响较大的案件；宣告无罪、判处法定刑以下刑罚、判处死刑的案件；行政诉讼中对被诉行政行为所依据的规范性文件一并进行审查的案件；判决变更行政行为的案件；新类型或者可能成为指导性案例的案件；抗诉案件；二审改判或者发回重审的案件；重审案件；再审案件；其他需要强化说理的案件（第八条）；以及“可以简化释法说理”的具体情形，具体包括：适用民事简易程序、小额诉讼程序审理的案件；适用民事特别程序、督促程序及公示催告程序审理的案件；适用刑事速裁程序、简易程序审理的案件；当事人达成和解协议的轻微刑事案件；适用行政简易程序审理的案件；适用普通程序审理但是诉讼各方争议不大的案件；其他适宜简化说理的案件（第九条），从而为法官提出了明确的操作指引。

问：《意见》对激励法官愿说理、会说理、说好理作出哪些指导？

答：无论是学术界的学理研究还是实务界的实证分析，均表明我国当下的裁判文书释法说理依然存在“不愿说理”“不会说理”“不敢说理”“说不好理”等方面的突出问题。《意见》坚持问题导向，以解决这些重点问题为出发点和落脚点，着重从以下方面进行有针对性的指导：

一是从裁判文书释法说理的目的、价值功能、具体内容、基本遵循等方面提出总则性的要求和指导；

二是从审查判断证据说理、认定事实说理、适用法律说理和行使自由裁量权说理等方面存在的重点问题和薄弱环节提出具体的规范和指导；

三是从裁判文书释法说理的繁简分流、适用文书样式、援引规范性文件、运用辅助论据、运用附件表达方式、运用语言和修辞方法等方面进行规范化和个性化的指导；

四是授权各级人民法院结合实际制定刑事、民事、行政、国家赔偿、执行等裁判文书释法说理的实施细则，更有力地提供切实可行、具有操作性的指导；

五是科学构建裁判文书释法说理的配套机制，包括指引机制（第十六条）、考核机制（第十七条）、评估、评价机制（第十八条）、评查、监督机制（第十九条），为法官裁判文书说理提供“愿说理”“敢说理”“善说理”“说好理”的良好环境。此外，各级人民法院在落实《意见》过程中，还可以积极探索其他配套机制，例如，法律保障机制、激励机制、责任机制、培训机制等等。

最高人民法院
关于发布第18批指导性案例的通知

2018年6月20日　　　　法〔2018〕164号

各省、自治区、直辖市高级人民法院，解放军军事法院，新疆维吾尔自治区高级人民法院生产建设兵团分院：

经最高人民法院审判委员会讨论决定，现将于欢故意伤害案等四个案例

（指导案例93—96号），作为第18批指导性案例发布，供在审判类似案件时参照。

指导案例93号

于欢故意伤害案

（最高人民法院审判委员会讨论通过　2018年6月20日发布）

关键词　刑事/故意伤害罪/非法限制人身自由/正当防卫/防卫过当

裁判要点

1. 对正在进行的非法限制他人人身自由的行为，应当认定为刑法第二十条第一款规定的“不法侵害”，可以进行正当防卫。

2. 对非法限制他人人身自由并伴有侮辱、轻微殴打的行为，不应当认定为刑法第二十条第三款规定的“严重危及人身安全的暴力犯罪”。

3. 判断防卫是否过当，应当综合考虑不法侵害的性质、手段、强度、危害程度以及防卫行为的性质、时机、手段、强度、所处环境和损害后果等情节。对非法限制他人人身自由并伴有侮辱、轻微殴打，且并不十分紧迫的不法侵害，进行防卫致人死亡重伤的，应当认定为刑法第二十条第二款规定的“明显超过必要限度造成重大损害”。

4. 防卫过当案件，如系因被害人实施严重贬损他人人格尊严或者亵渎人伦的不法侵害引发的，量刑时对此应予充分考虑，以确保司法裁判既经得起法律检验，也符合社会公平正义观念。

相关法条

《中华人民共和国刑法》第二十条

基本案情

被告人于欢的母亲苏某在山东省冠县工业园区经营山东源大工贸有限公司（以下简称源大公司），于欢系该公司员工。2014年7月28日，苏某及其丈夫于某1向吴某、赵某1借款100万元，双方口头约定月息10%。至2015年10月20日，苏某共计还款154万元。其间，吴某、赵某1因苏某还款不及时，曾指使被害人郭某1等人采取在源大公司车棚内驻扎、在办公楼前支锅做饭等方式催债。2015年11月1日，苏某、于某1再向吴某、赵某1借款35万元。其中10万元，双方口头约定月息10%；另外25万元，通过签订房屋买卖合同，用于某1名下的一套住房作为抵押，双方约定如逾期还款，则将该住房过户给赵某1。2015年11月2日至2016年1月6日，苏某共计向赵某1还款29.8万元。吴某、赵某1认为该29.8万元属于偿还第一笔100万元借款的利息，而苏某夫妇认为是用于偿还第二笔借款。吴某、赵某1多次催促苏某夫妇继续还款或办理住房过户手续，但苏某夫妇未再还款，也未办理住房过户。

2016年4月1日，赵某1与被害人杜某2、郭某1等人将于某1上述住房的门锁更换并强行入住，苏某报警。赵某1出示房屋买卖合同，民警调解后离去。同月13日上午，吴某、赵某1与杜某2、郭某1、杜某7等人将上述住房内的物品搬出，苏某报警。民警处警时，吴某称系房屋买卖纠纷，民警告知双方协商或通过诉讼解决。民警离开后，吴某责骂苏某，并将苏某头部按入座便器接近水面位置。当日下午，赵某1等人将上述住房内物品搬至源大公司门口。其间，苏某、于某1多次拨打市长热线求助。当晚，于某1通过他人调解，与吴某达成口头协议，约定次日将住房过户给赵某1，此后再付30万元，借款本金及利息即全部结清。

4月14日，于某1、苏某未去办理住房过户手续。当日16时许，赵某1纠集郭某2、郭某1、苗某、张某3到源大公司讨债。为找到于某1、苏某，郭某1报警称源大公司私刻财务章。民警到达源大公司后，苏某与赵某1等人因还款纠纷发生争吵。民警告知双方协商解决或到法院起诉后离开。李某3接赵某1电话后，伙同么某、张某2和被害人严某、程某到达源大公司。赵某1等人先后在办公楼前呼喊，在财务室内、餐厅外盯守，在办公楼门厅外烧烤、饮酒，催促苏某还款。其间，赵某1、苗某离开。20时许，杜某2、杜某7赶到源大公司，与李某3等人一起饮酒。20时48分，苏某按郭某1要求到办公楼一楼接待室，于欢及公司员工张某1、马某陪同。21时53分，杜某2等人进入接待室讨债，将苏某、于欢的手机收走放在办公桌上。杜某2用污秽言语辱骂苏某、于欢及其家人，将烟头弹到苏某胸前衣服上，将裤子褪至大腿处裸露下体，朝坐在沙发上的苏某等人左右转动身体。在马某、李某3劝阻下，杜某2穿好裤子，又脱下于欢的鞋让苏某闻，被苏某打掉。杜某2还用手拍打于欢面颊，其他讨债人员实施了揪抓于欢头发或按压于欢肩部不准其起身等行为。22时07分，公司员工刘某打电话报警。22时17分，民警朱某带领辅警宋某、郭某3到达源大公司接待室了解情况，苏某和于欢指认杜某2殴打于欢，杜某2等人否认并称系讨债。22时22分，朱某警告双方不能打架，然后带领辅警到院内寻找报警人，并给值班民警徐某打电话通报警情。于欢、苏某想随民警离开接待室，杜某2等人阻拦，并强迫于欢坐下，于欢拒绝。杜某2等人卡于欢颈部，将于欢推拉至接待室东南角。于欢持刃长15.3厘米的单刃尖刀，警告杜某2等人不要靠近。杜某2出言挑衅并逼近于欢，于欢遂捅刺杜某2腹部一刀，又捅刺围逼在其身边的程某胸部、严某腹部、郭某1背部各一刀。22时26分，辅警闻声返回接待室。经辅警连续责令，于欢交出尖刀。杜某2等四人受伤后，被杜某7等人驾车送至冠县人民医院救治。次日2时18分，杜某2经抢救无效，因腹部损伤造成肝固有动脉裂伤及肝右叶创伤导致失血性休克死亡。严某、郭某1的损伤均构成重伤二级，程某的损伤构成轻伤二级。

裁判结果

山东省聊城市中级人民法院于2017年2月17日作出（2016）鲁15刑初33号刑事附带民事判决，认定被告人于欢犯故意伤害罪，判处无期徒刑，剥夺政治权利终身，并赔偿附带民事原告人经济损失。

宣判后，被告人于欢及部分原审附带民事诉讼原告人不服，分别提出上诉。山东省高级人民法院经审理于2017年6月23日作出（2017）鲁刑终151号刑事附带民事判决：驳回附带民事上诉，维持原判附带民事部分；撤销原判刑事部分，以故意伤害罪改判于欢有期徒刑五年。

裁判理由

法院生效裁判认为：被告人于欢持刀捅刺杜某2等四人，属于制止正在进行的不法侵害，其行为具有防卫性质；其防卫行为造成一人死亡、二人重伤、一人轻伤的严重后果，明显超过必要限度造成重大损害，构成故意伤害罪，依法应负刑事责任。鉴于于欢的行为属于防卫过当，于欢归案后如实供述主要罪行，且被害方有以恶劣手段侮辱于欢之母的严重过错等情节，对于欢依法应当减轻处罚。原判认定于欢犯故意伤害罪正确，审判程序合法，但认定事实不全面，部分刑事判项适用法律错误，量刑过重，遂依法改判于欢有期徒刑五年。

本案在法律适用方面的争议焦点主要有两个方面：一是于欢的捅刺行为性质，即是否具有防卫性、是否属于特殊防卫、是否属于防卫过当；二是如何定罪处罚。

一、关于于欢的捅刺行为性质

《中华人民共和国刑法》（以下简称刑法）第二十条第一款规定：“为了使国家、公共利益、本人或者他人的人身、财产和其他权利免受正在进行的不法侵害，而采取的制止不法侵害的行为，对不法侵害人造成损害的，属于正当防卫，不负刑事责任。”由此可见，成立正当防卫必须同时具备以下五项条件：一是防卫起因，不法侵害现实存在。不法侵害是指违背法律的侵袭和损害，既包括犯罪行为，又包括一般违法行为；既包括侵害人身权利的行为，又包括侵犯财产及其他权利的行为。二是防卫时间，不法侵害正在进行。正在进行是指不法侵害已经开始并且尚未结束的这段时期。对尚未开始或已经结束的不法侵害，不能进行防卫，否则即是防卫不适时。三是防卫对象，即针对不法侵害者本人。正当防卫的对象只能是不法侵害人本人，不能对不法侵害人之外的人实施防卫行为。在共同实施不法侵害的场合，共同侵害具有整体性，可对每一个共同侵害人进行正当防卫。四是防卫意图，出于制止不法侵害的目的，有防卫认识和意志。五是防卫限度，尚未明显超过必要限度造成重大损害。这就是说正当防卫的成立条件包括客观条件、主观条件和限度条件。客观条件和主观条件是定性条件，确定了正当防卫“正”的性质和前提条件，不符合这些条件的不是正当防卫；限度条件是定量条件，确定了正当防卫“当”的要求和合理限度，不符合该条件的虽然仍有防卫性质，但不是正当防卫，属于防卫过当。防卫过当行为具有防卫的前提条件和制止不法侵害的目的，只是在制止不法侵害过程中，没有合理控制防卫行为的强度，明显超过正当防卫必要限度，并造成不应有的重大损害后果，从而转化为有害于社会的违法犯罪行为。根据本案认定的事实、证据和我国刑法有关规定，于欢的捅刺行为虽然具有防卫性，但属于防卫过当。

首先，于欢的捅刺行为具有防卫性。案发当时杜某2等人对于欢、苏某持续实施着限制人身自由的非法拘禁行为，并伴有侮辱人格和对于欢推搡、拍打等行为；民警到达现场后，于欢和苏某想随民警走出接待室时，杜某2等人阻止二人离开，并对于欢实施推拉、围堵等行为，在于欢持刀警告时仍出言挑衅并逼近，实施正当防卫所要求的不法侵害客观存在并正在进行；于欢是在人身自由受到违法侵害、人身安全面临现实威胁的情况下持刀捅刺，且捅刺的对象都是在其警告后仍向其靠近围逼的人。因此，可以认定其是为了使本人和其母亲的人身权利免受正在进行的不法侵害，而采取的制止不法侵害行为，具备正当防卫的客观和主观条件，具有防卫性质。

其次，于欢的捅刺行为不属于特殊防卫。刑法第二十条第三款规定：“对正在进行行凶、杀人、抢劫、强奸、绑架以及其他严重危及人身安全的暴力犯罪，采取防卫行为，造成不法侵害人伤亡的，不属于防卫过当，不负刑事责任。”根据这一规定，特殊防卫的适用前提条件是存在严重危及本人或他人人身安全的暴力犯罪。本案中，虽然杜某2等人对于欢母子实施了非法限制人身自由、侮辱、轻微殴打等人身侵害行为，但这些不法侵害不是严重危及人身安全的暴力犯罪。其一，杜某2等人实施的非法限制人身自由、侮辱等不法侵害行为，虽然侵犯了于欢母子的人身自由、人格尊严等合法权益，但并不具有严重危及于欢母子人身安全的性质；其二，杜某2等人按肩膀、推拉等强制或者殴打行为，虽然让于欢母子的人身安全、身体健康权遭受了侵害，但这种不法侵害只是轻微的暴力侵犯，既不是针对生命权的不法侵害，又不是发生严重侵害于欢母子身体健康权的情形，因而不属于严重危及人身安全的暴力犯罪。其三，苏某、于某1系主动通过他人协调、担保，向吴某借贷，自愿接受吴某所提10%的月息。既不存在苏某、于某1被强迫向吴某高息借贷的事实，又不存在吴某强迫苏某、于某1借贷的事实，与司法解释以借贷为名采用暴力、胁迫手段获取他人财物以抢劫罪论处的规定明显不符。可见杜某2等人实施的多种不法侵害行为，符合可以实施一般防卫行为的前提条件，但不具备实施特殊防卫的前提条件，故于欢的捅刺行为不属于特殊防卫。

最后，于欢的捅刺行为属于防卫过当。刑法第二十条第二款规定：“正当防卫明显超过必要限度造成重大损害的，应当负刑事责任，但是应当减轻或者免除处罚。”由此可见，防卫过当是在具备正当防卫客观和主观前提条件下，防卫反击明显超越必要限度，并造成致人重伤或死亡的过当结果。认定防卫是否“明显超过必要限度”，应当从不法侵害的性质、手段、强度、危害程度，以及防卫行为的性质、时机、手段、强度、所处环境和损害后果等方面综合分析判定。本案中，杜某2一方虽然人数较多，但其实施不法侵害的意图是给苏某夫妇施加压力以催讨债务，在催债过程中未携带、使用任何器械；在民警朱某等进入接待室前，杜某2一方对于欢母子实施的是非法限制人身自由、侮辱和对于欢拍打面颊、揪抓头发等行为，其目的仍是逼迫苏某夫妇尽快还款；在民警进入接待室时，双方没有发生激烈对峙和肢体冲突，当民警警告不能打架后，杜某2一方并无打架的言行；在民警走出接待室寻找报警人期间，于欢和讨债人员均可透过接待室玻璃清晰看见停在院内的警车警灯闪烁，应当知道民警并未离开；在于欢持刀警告不要逼过来时，杜某2等人虽有出言挑衅并向于欢围逼的行为，但并未实施强烈的攻击行为。因此，于欢面临的不法侵害并不紧迫和严重，而其却持刃长15.3厘米的单刃尖刀连续捅刺四人，致一人死亡、二人重伤、一人轻伤，且其中一人系被背后捅伤，故应当认定于欢的防卫行为明显超过必要限度造成重大损害，属于防卫过当。

二、关于定罪量刑

首先，关于定罪。本案中，于欢连续捅刺四人，但捅刺对象都是当时围逼在其身边的人，未对离其较远的其他不法侵害人进行捅刺，对不法侵害人每人捅刺一刀，未对同一不法侵害人连续捅刺。可见，于欢的目的在于制止不法侵害并离开接待室，在案证据不能证实其具有追求或放任致人死亡危害结果发生的故意，故于欢的行为不构成故意杀人罪，但他为了追求防卫效果的实现，对致多人伤亡的过当结果的发生持听之任之的态度，已构成防卫过当情形下的故意伤害罪。认定于欢的行为构成故意伤害罪，既是严格司法的要求，又符合人民群众的公平正义观念。

其次，关于量刑。刑法第二十条第二款规定："正当防卫明显超过必要限度造成重大损害的，应当负刑事责任，但是应当减轻或者免除处罚。"综合考虑本案防卫权益的性质、防卫方法、防卫强度、防卫起因、损害后果、过当程度、所处环境等情节，对于欢应当减轻处罚。

被害方对引发本案具有严重过错。本案案发前，吴某、赵某1指使杜某2等人实施过侮辱苏某、干扰源大公司生产经营等逼债行为，苏某多次报警，吴某等人的不法逼债行为并未收敛。案发当日，杜某2等人对于欢、苏某实施非法限制人身自由、侮辱及对于欢间有推搡、拍打、卡颈部等行为，于欢及其母亲苏某连日来多次遭受催逼、骚扰、侮辱，导致于欢实施防卫行为时难免带有恐惧、愤怒等因素。尤其是杜某2裸露下体侮辱苏某对引发本案有重大过错。案发当日，杜某2当着于欢之面公然以裸露下体的方式侮辱其母亲苏某。虽然距于欢实施防卫行为已间隔约二十分钟，但于欢捅刺杜某2等人时难免带有报复杜某2辱母的情绪，故杜某2裸露下体侮辱苏某的行为是引发本案的重要因素，在刑罚裁量上应当作为对于欢有利的情节重点考虑。

杜某2的辱母行为严重违法、亵渎人伦，应当受到惩罚和谴责，但于欢在民警尚在现场调查，警车仍在现场闪烁警灯的情形下，为离开接待室摆脱围堵而持刀连续捅刺四人，致一人死亡、二人重伤、一人轻伤，且其中一重伤者系于欢从背部捅刺，损害后果严重，且除杜某2以外，其他三人并未实施侮辱于欢母亲的行为，其防卫行为造成损害远远大于其保护的合法权益，防卫明显过当。于欢及其母亲的人身自由和人格尊严应当受到法律保护，但于欢的防卫行为明显超过必要限度并造成多人伤亡严重后果，超出法律所容许的限度，依法也应当承担刑事责任。

根据我国刑法规定，故意伤害致人死亡的，处十年以上有期徒刑、无期徒刑或者死刑；防卫过当的，应当减轻或者免除处罚。如上所述，于欢的防卫行为明显超过必要限度造成重大伤亡后果，减轻处罚依法应当在三至十年有期徒刑的法定刑幅度内量刑。鉴于于欢归案后如实供述主要罪行，且被害方有以恶劣手段侮辱于欢之母的严重过错等可以从轻处罚情节，综合考虑于欢犯罪的事实、性质、情节和危害后果，遂判处于欢有期徒刑五年。

（生效裁判审判人员：吴靖、刘振会、王文兴）

指导案例94号

重庆市涪陵志大物业管理有限公司诉重庆市涪陵区人力资源和社会保障局劳动和社会保障行政确认案

（最高人民法院审判委员会讨论通过　2018年6月20日发布）

关键词　行政/行政确认/视同工伤/见义勇为

裁判要点

职工见义勇为，为制止违法犯罪行为而受到伤害的，属于《工伤保险条例》第十五条第一款第二项规定的为维护公共利益受到伤害的情形，应当视同工伤。

相关法条

《工伤保险条例》第十五条第一款第二项

基本案情

罗仁均系重庆市涪陵志大物业管理有限公司（以下简称涪陵志大物业公司）保安。2011年12月24日，罗仁均在涪陵志大物业公司服务的圆梦园小区上班（24小时值班）。8时30分左右，在兴华中路宏富大厦附近有人对一过往行人实施抢劫，罗仁均听到呼喊声后立即拦住抢劫者的去路，要求其交出抢劫的物品，在与抢劫者搏斗的过程中，不慎从22步台阶上摔倒在巷道拐角的平台上受伤。罗仁均于2012年6月12日向被告重庆市涪陵区人力资源和社会保障局（以下简称涪陵区人社局）提出工伤认定申请。涪陵区人社局当日受理后，于2012年6月13日向罗仁均发出《认定工伤中止通知书》，要求罗仁均补充提交见义勇为的认定材料。2012年7月20日，罗仁均补充了见义勇为相关材料。涪陵区人社局核实后，根据《工伤保险条例》第十四条第七项之规定，于2012年8月9日作出涪人社伤险认决字〔2012〕676号《认定工伤决定书》，认定罗仁均所受之伤属于因工受伤。涪陵志大物业公司不服，向法院提起行政诉讼。

在诉讼过程中，涪陵区人社局作出《撤销工伤认定决定书》，并于2013年6月25日根据《工伤保险条例》第十五条第一款第二项之规定，作出涪人社伤险认决字〔2013〕524号认定工伤决定书，认定罗仁均受伤属于视同因工受伤。涪陵志大物业公司仍然不服，于2013年7月15日向重庆市人力资源和社会保障局申请行政复议，重庆市人力资源和社会保障局于2013年8月21日作出渝人社复决字〔2013〕129号行政复议决定书，予以维持。涪陵志大物业公司认为涪陵区人社局的认定决定适用法律错误，罗仁均所受伤依法不应认定为工伤。遂诉至法院，请求判决撤销认定工伤决定书，并责令被告重新作出认定。

另查明，重庆市涪陵区社会管理综合治理委员会对罗仁均的行为进行了表彰，并作出了涪综治委发〔2012〕5号《关于表彰罗仁均同志见义勇为行为的通报》。

裁判结果

重庆市涪陵区人民法院于2013年9月23日作出（2013）涪法行初字第00077号行政判决，驳回重庆市涪陵志大物业管理有限公司要求撤销被告作出的涪人社伤险认决字〔2013〕524号认定工伤决定书的诉讼请求。一审宣判后，双方当事人均未上诉，裁判现已发生法律效力。

裁判理由

法院生效裁判认为：被告涪陵区人社局是县级劳动行政主管部门，根据国务院《工伤保险条例》第五条第二款规定，具有受理本行政区域内的工伤认定申请，并根据事实和法律作出是否工伤认定的行政管理职权。被告根据第三人罗仁均提供的重庆市涪陵区社会管理综合治理委员会《关于表彰罗仁均同志见义勇为行为的通报》，认定罗仁均在见义勇为中受伤，事实清楚，证据充分。罗仁均不顾个人安危与违法犯罪行为作斗争，既保护了他人的个人财产和生命安全，也维护了社会治安秩序，弘扬了社会正气。法律对于见义勇为，应当予以大力提倡和鼓励。

《工伤保险条例》第十五条第一款第二项规定："职工在抢险救灾等维护国家利益、公共利益活动中受到伤害的，视同工伤。"据此，虽然职工不是在工作地点、因工作原因受到伤害，但其是在维护国家利益、公共利益活动中受到伤害的，也应当按照工伤处理。公民见义勇为，跟违法犯罪行为作斗争，与抢险救灾一样，同样属于维护社会公共利益的行为，应当予以大力提倡和鼓励。因见义勇为、制止违法犯罪行为而受到伤害的，应当适用《工伤保险条例》第十五条第一款第二项的规定，即视同工伤。

另外，《重庆市鼓励公民见义勇为条例》为重庆市地方性法规，其第十九条、第二十一条进一步明确规定，见义勇为受伤视同工伤，享受工伤待遇。该条例上述规定符合《工伤保险条例》的立法精神，有助于最大限度地保障劳动者的合法权益、最大限度地弘扬社会正气，在本案中应当予以适用。

综上，被告涪陵区人社局认定罗仁均受伤视同因工受伤，适用法律正确。

（生效裁判审判人员：刘芸、陈其娟、杨忠民）

指导案例95号

中国工商银行股份有限公司宣城龙首支行诉宣城柏冠贸易有限公司、江苏凯盛置业有限公司等金融借款合同纠纷案

（最高人民法院审判委员会讨论通过　2018年6月20日发布）

关键词　民事/金融借款合同/担保/最高额抵押权

裁判要点

当事人另行达成协议将最高额抵押权设立前已经存在的债权转入该最高额

抵押担保的债权范围，只要转入的债权数额仍在该最高额抵押担保的最高债权额限度内，即使未对该最高额抵押权办理变更登记手续，该最高额抵押权的效力仍然及于被转入的债权，但不得对第三人产生不利影响。

相关法条

《中华人民共和国物权法》第二百零三条、第二百零五条

基本案情

2012 年 4 月 20 日，中国工商银行股份有限公司宣城龙首支行（以下简称工行宣城龙首支行）与宣城柏冠贸易有限公司（以下简称柏冠公司）签订《小企业借款合同》，约定柏冠公司向工行宣城龙首支行借款 300 万元，借款期限为 7 个月，自实际提款日起算，2012 年 11 月 1 日还 100 万元，2012 年 11 月 17 日还 200 万元。涉案合同还对借款利率、保证金等作了约定。同年 4 月 24 日，工行宣城龙首支行向柏冠公司发放了上述借款。

2012 年 10 月 16 日，江苏凯盛置业有限公司（以下简称凯盛公司）股东会决议决定，同意将该公司位于江苏省宿迁市宿豫区江山大道 118 号即宿迁红星凯盛国际家居广场（房号：B－201、产权证号：宿豫字第 201104767）房产，抵押与工行宣城龙首支行，用于亿荣达公司商户柏冠公司、闽航公司、航嘉公司、金亿达公司四户企业在工行宣城龙首支行办理融资抵押，因此产生一切经济纠纷均由凯盛公司承担。同年 10 月 23 日，凯盛公司向工行宣城龙首支行出具一份房产抵押担保的承诺函，同意以上述房产为上述四户企业在工行宣城龙首支行融资提供抵押担保，并承诺如该四户企业不能按期履行工行宣城龙首支行的债务，上述抵押物在处置后的价值又不足以偿还全部债务，凯盛公司同意用其他财产偿还剩余债务。该承诺函及上述股东会决议均经凯盛公司全体股东签名及加盖凯盛公司公章。2012 年 10 月 24 日，工行宣城龙首支行与凯盛公司签订《最高额抵押合同》，约定凯盛公司以宿房权证宿豫字第 201104767 号房地产权证项下的商铺为自 2012 年 10 月 19 日至 2015 年 10 月 19 日期间，在 4000 万元的最高余额内，工行宣城龙首支行依据与柏冠公司、闽航公司、航嘉公司、金亿达公司签订的借款合同等主合同而享有对债务人的债权，无论该债权在上述期间届满时是否已到期，也无论该债权是否在最高额抵押权设立之前已经产生，提供抵押担保，担保的范围包括主债权本金、利息、实现债权的费用等。同日，双方对该抵押房产依法办理了抵押登记，工行宣城龙首支行取得宿房他证宿豫第 201204387 号房地产他项权证。2012 年 11 月 3 日，凯盛

公司再次经过股东会决议，并同时向工行宣城龙首支行出具房产抵押承诺函，股东会决议与承诺函的内容及签名盖章均与前述相同。当日，凯盛公司与工行宣城龙首支行签订《补充协议》，明确双方签订的《最高额抵押合同》担保范围包括2012年4月20日工行宣城龙首支行与柏冠公司、闽航公司、航嘉公司和金亿达公司签订的四份贷款合同项下的债权。

柏冠公司未按期偿还涉案借款，工行宣城龙首支行诉至宣城市中级人民法院，请求判令柏冠公司偿还借款本息及实现债权的费用，并要求凯盛公司以其抵押的宿房权证宿豫字第201104767号房地产权证项下的房地产承担抵押担保责任。

裁判结果

宣城市中级人民法院于2013年11月10日作出（2013）宣中民二初字第00080号民事判决：一、柏冠公司于判决生效之日起五日内给付工行宣城龙首支行借款本金300万元及利息。……四、如柏冠公司未在判决确定的期限内履行上述第一项给付义务，工行宣城龙首支行以凯盛公司提供的宿房权证宿豫字第201104767号房地产权证项下的房产折价或者以拍卖、变卖该房产所得的价款优先受偿……。宣判后，凯盛公司以涉案《补充协议》约定的事项未办理最高额抵押权变更登记为由，向安徽省高级人民法院提起上诉。该院于2014年10月21日作出（2014）皖民二终字第00395号民事判决：驳回上诉，维持原判。

裁判理由

法院生效裁判认为：凯盛公司与工行宣城龙首支行于2012年10月24日签订《最高额抵押合同》，约定凯盛公司自愿以其名下的房产作为抵押物，自2012年10月19日至2015年10月19日期间，在4000万元的最高余额内，为柏冠公司在工行宣城龙首支行所借贷款本息提供最高额抵押担保，并办理了抵押登记，工行宣城龙首支行依法取得涉案房产的抵押权。2012年11月3日，凯盛公司与工行宣城龙首支行又签订《补充协议》，约定前述最高额抵押合同中述及抵押担保的主债权及于2012年4月20日工行宣城龙首支行与柏冠公司所签《小企业借款合同》项下的债权。该《补充协议》不仅有双方当事人的签字盖章，也与凯盛公司的股东会决议及其出具的房产抵押担保承诺函相印证，故该《补充协议》应系凯盛公司的真实意思表示，且所约定内容符合《中华人民共和国物权法》（以下简称物权法）第二百零三条第二款的规定，也不违反法律、行政法规的强制性规定，依法成立并有效，其作为原《最高额抵押合同》的组成部分，与原《最高额抵押合同》具有同等法律效力。由此，本案所涉 2012 年 4 月 20 日《小企业借款合同》项下的债权已转入前述最高额抵押权所担保的最高额为 4000 万元的主债权范围内。就该《补充协议》约定事项，是否需要对前述最高额抵押权办理相应的变更登记手续，物权法没有明确规定，应当结合最高额抵押权的特点及相关法律规定来判定。

根据物权法第二百零三条第一款的规定，最高额抵押权有两个显著特点：一是最高额抵押权所担保的债权额有一个确定的最高额度限制，但实际发生的债权额是不确定的；二是最高额抵押权是对一定期间内将要连续发生的债权提供担保。由此，最高额抵押权设立时所担保的具体债权一般尚未确定，基于尊重当事人意思自治原则，物权法第二百零三条第二款对前款作了但书规定，即允许经当事人同意，将最高额抵押权设立前已经存在的债权转入最高额抵押担保的债权范围，但此并非重新设立最高额抵押权，也非物权法第二百零五条规定的最高额抵押权变更的内容。同理，根据《房屋登记办法》第五十三条的规定，当事人将最高额抵押权设立前已存在债权转入最高额抵押担保的债权范围，不是最高抵押权设立登记的他项权利证书及房屋登记簿的必要记载事项，故亦非应当申请最高额抵押权变更登记的法定情形。

本案中，工行宣城龙首支行和凯盛公司仅是通过另行达成补充协议的方式，将上述最高额抵押权设立前已经存在的债权转入该最高额抵押权所担保的债权范围内，转入的涉案债权数额仍在该最高额抵押担保的 4000 万元最高债权额限度内，该转入的确定债权并非最高抵押权设立登记的他项权利证书及房屋登记簿的必要记载事项，在不会对其他抵押权人产生不利影响的前提下，对于该意思自治行为，应当予以尊重。此外，根据商事交易规则，法无禁止即可为，即在法律规定不明确时，不应强加给市场交易主体准用严格交易规则的义务。况且，就涉案 2012 年 4 月 20 日借款合同项下的债权转入最高额抵押担保的债权范围，凯盛公司不仅形成了股东会决议，出具了房产抵押担保承诺函，且和工行宣城龙首支行达成了《补充协议》，明确将已经存在的涉案借款转入前述最高额抵押权所担保的最高额为 4000 万元的主债权范围内。现凯盛公司上诉认为该《补充协议》约定事项必须办理最高额抵押权变更登记才能设立抵押权，不仅缺乏法律依据，也有悖诚实信用原则。

综上，工行宣城龙首支行和凯盛公司达成《补充协议》，将涉案 2012 年 4

月20日借款合同项下的债权转入前述最高额抵押权所担保的主债权范围内，虽未办理最高额抵押权变更登记，但最高额抵押权的效力仍然及于被转入的涉案借款合同项下的债权。

（生效裁判审判人员：陶恒河、王玉圣、马士鹏）

指导案例96号

宋文军诉西安市大华餐饮有限公司股东资格确认纠纷案

（最高人民法院审判委员会讨论通过　2018年6月20日发布）

关键词　民事/股东资格确认/初始章程/股权转让限制/回购

裁判要点

国有企业改制为有限责任公司，其初始章程对股权转让进行限制，明确约定公司回购条款，只要不违反公司法等法律强制性规定，可认定为有效。有限责任公司按照初始章程约定，支付合理对价回购股东股权，且通过转让给其他股东等方式进行合理处置的，人民法院应予支持。

相关法条

《中华人民共和国公司法》第十一条、第二十五条第二款、第三十五条、第七十四条

基本案情

西安市大华餐饮有限责任公司（以下简称大华公司）成立于1990年4月5日。2004年5月，大华公司由国有企业改制为有限责任公司，宋文军系大华公司员工，出资2万元成为大华公司的自然人股东。大华公司章程第三章“注册资本和股份”第十四条规定“公司股权不向公司以外的任何团体和个人出售、转让。公司改制一年后，经董事会批准后可在公司内部赠予、转让和继承。持股人死亡或退休经董事会批准后方可继承、转让或由企业收购，持股人若辞职、调离或被辞退、解除劳动合同的，人走股留，所持股份由企业收购……”，第十三章“股东认为需要规定的其他事项”下第六十六条规定“本

章程由全体股东共同认可，自公司设立之日起生效”。该公司章程经大华公司全体股东签名通过。2006年6月3日，宋文军向公司提出解除劳动合同，并申请退出其所持有的公司的2万元股份。2006年8月28日，经大华公司法定代表人赵来锁同意，宋文军领到退出股金款2万元整。2007年1月8日，大华公司召开2006年度股东大会，大会应到股东107人，实到股东104人，代表股权占公司股份总数的93%，会议审议通过了宋文军、王培青、杭春国三位股东退股的申请并决议“其股金暂由公司收购保管，不得参与红利分配”。后宋文军以大华公司的回购行为违反法律规定，未履行法定程序且公司法规定股东不得抽逃出资等，请求依法确认其具有大华公司的股东资格。

裁判结果

西安市碑林区人民法院于2014年6月10日作出（2014）碑民初字第01339号民事判决，判令：驳回原告宋文军要求确认其具有被告西安市大华餐饮有限责任公司股东资格之诉讼请求。一审宣判后，宋文军提出上诉。西安市中级人民法院于2014年10月10日作出了（2014）西中民四终字第00277号民事判决书，驳回上诉，维持原判。终审宣判后，宋文军仍不服，向陕西省高级人民法院申请再审。陕西省高级人民法院于2015年3月25日作出（2014）陕民二申字第00215号民事裁定，驳回宋文军的再审申请。

裁判理由

法院生效裁判认为：通过听取再审申请人宋文军的再审申请理由及被申请人大华公司的答辩意见，本案的焦点问题如下：1. 大华公司的公司章程中关于“人走股留”的规定，是否违反了《中华人民共和国公司法》（以下简称公司法）的禁止性规定，该章程是否有效；2. 大华公司回购宋文军股权是否违反公司法的相关规定，大华公司是否构成抽逃出资。

针对第一个焦点问题，首先，大华公司章程第十四条规定，“公司股权不向公司以外的任何团体和个人出售、转让。公司改制一年后，经董事会批准后可以公司内部赠与、转让和继承。持股人死亡或退休经董事会批准后方可继承、转让或由企业收购，持股人若辞职、调离或被辞退、解除劳动合同的，人走股留，所持股份由企业收购”。依照公司法第二十五条第二款“股东应当在公司章程上签名、盖章”的规定，有限公司章程系公司设立时全体股东一致同意并对公司及全体股东产生约束力的规则性文件，宋文军在公司章程上签名的行为，应视为其对前述规定的认可和同意，该章程对大华公司及宋文军均产生约束力。其次，基于有限责任公司封闭性和人合性的特点，由公司章程对公司股东转让股权作出某些限制性规定，系公司自治的体现。在本案中，大华公司进行企业改制时，宋文军之所以成为大华公司的股东，其原因在于宋文军与大华公司具有劳动合同关系，如果宋文军与大华公司没有建立劳动关系，宋文军则没有成为大华公司股东的可能性。同理，大华公司章程将是否与公司具有劳动合同关系作为取得股东身份的依据继而作出“人走股留”的规定，符合有限责任公司封闭性和人合性的特点，亦系公司自治原则的体现，不违反公司法的禁止性规定。再次，大华公司章程第十四条关于股权转让的规定，属于对股东转让股权的限制性规定而非禁止性规定，宋文军依法转让股权的权利没有被公司章程所禁止，大华公司章程不存在侵害宋文军股权转让权利的情形。综上，本案一、二审法院均认定大华公司章程不违反公司法的禁止性规定，应为有效的结论正确，宋文军的这一再审申请理由不能成立。

针对第二个焦点问题，公司法第七十四条所规定的异议股东回购请求权具有法定的行使条件，即只有在“公司连续五年不向股东分配利润，而公司该五年连续盈利，并且符合本法规定的分配利润条件的；公司合并、分立、转让主要财产的；公司章程规定的营业期限届满或者章程规定的其他解散事由出现，股东会会议通过决议修改章程使公司存续的”三种情形下，异议股东有权要求公司回购其股权，对应的是公司是否应当履行回购异议股东股权的法定义务。而本案属于大华公司是否有权基于公司章程的约定及与宋文军的合意而回购宋文军股权，对应的是大华公司是否具有回购宋文军股权的权利，二者性质不同，公司法第七十四条不能适用于本案。在本案中，宋文军于2006年6月3日向大华公司提出解除劳动合同申请并于同日手书《退股申请》，提出“本人要求全额退股，年终盈利与亏损与我无关”，该《退股申请》应视为其真实意思表示。大华公司于2006年8月28日退还其全额股金款2万元，并于2007年1月8日召开股东大会审议通过了宋文军等三位股东的退股申请，大华公司基于宋文军的退股申请，依照公司章程的规定回购宋文军的股权，程序并无不当。另外，公司法所规定的抽逃出资专指公司股东抽逃其对于公司出资的行为，公司不能构成抽逃出资的主体，宋文军的这一再审申请理由不能成立。综上，裁定驳回再审申请人宋文军的再审申请。

（生效裁判审判人员：吴强、逄东、张洁）

人民法院服务保障新时代生态文明建设典型案例

（最高人民法院2018年6月4日发布）

一、被告单位德司达（南京）染料有限公司、被告人王占荣等污染环境案

【基本案情】

德司达（南京）染料有限公司（以下简称德司达公司）生产过程中产生的废酸液体属于危险废物，依照国家相关规定应当交由具有资质的企业进行处置。2010年9月，被告人王军受德司达公司指派联系处置废酸事宜，与仅具有经销危险化学品资质的顺久公司法定代表人王占荣达成了以每吨580元处置废酸的口头协议。此后，德司达公司产生的废酸液体均交由被告人王占荣进行处置。时任公司罐区主管的被告人黄进军明知顺久公司没有处置资质，仍与具体负责与拉运废酸的王占荣直接对接，王军负责审核支付处置废酸费用。2013年9月，王占荣明知丁卫东（另案处理）没有处置废酸资质，仍与丁卫东达成每吨150元处置费用的口头协议，并指使被告人徐仁米驾驶槽罐车从德司达公司拉运废酸，直接送至丁卫东停放在江都宜陵码头等处的船上。至2014年5月间，交由丁卫东处置的废酸共计2828.02吨。期间，丁卫东多次指使被告人孙新山、钱存林等人于夜间驾驶船只，将其中的2698.1吨废酸直接排放至泰东河和新通扬运河水域的河道中。其中，孙新山参与排放1729.82吨，钱存林参与排放318.78吨。后丁卫东未及排放的129.92吨废酸被查获。江苏科技咨询中心、江苏省环境科学研究院专家论证分析认为，德司达公司产生的上述废酸液体属于危险废物，其中主要成分为硫酸并含有大量有机物，硫酸浓度较高且具有极强的腐蚀性，对生物、水体、环境的危害极大，废酸中残存的大量有

机废物对生物环境也会造成长远的累积性危害。

【裁判结果】

江苏省高邮市人民法院一审认为，被告单位德司达公司违反国家环境保护法律规定，明知被告人王占荣经营的顺久公司无废酸处置资质，将公司生产过程中产生的废酸交由王占荣处置；被告人王占荣明知丁卫东亦无废酸处置资质，仍将德司达公司的废酸转交其处置；被告人徐仁米明知其运输的是化工废液以及丁卫东可能没有处置废酸的能力，而帮助王占荣进行运输作业；被告人孙新山、钱存林明知是化工废液，仍然违反国家规定偷排，最终导致严重污染环境后果，均已构成污染环境罪，且属共同犯罪。被告人王军、黄进军系德司达公司直接负责的主管人员和其他直接责任人员，应当知道王占荣没有废酸处置资质，仍然在各自职责范围内促成交易，导致严重污染环境的后果发生，均应以污染环境罪追究刑事责任。德司达公司为降低危险废物的处置成本，在明知他人没有处置资质的情况下仍委托进行处置，最终导致严重污染环境，德司达公司由此减少支出巨额的处置费用。一审法院综合德司达公司的犯罪情节以及缴纳罚金的能力，以污染环境罪判处德司达公司罚金人民币 2000 万元，判处其余被告人一年至五年不等有期徒刑并处罚金。江苏省扬州市中级人民法院二审维持原判。

【典型意义】

本案系因非法处置危险废物污染水体引发的环境污染刑事案件，对于根据罪责刑相适应原则妥当确定单位犯污染环境罪的罚金数额进行了有益探索。根据我国刑法规定，判处罚金，应当根据犯罪情节决定罚金数额。对于单位罚金的确定，应当根据单位犯罪的情节和特点，结合单位违法所得数额、造成损失的大小等因素综合考虑。德司达公司为降低危险废物的处置成本，明知他人没有处置资质仍委托进行处置，最终导致严重污染环境后果的发生，由此逃避支付的巨额处置费用可认定为通过犯罪行为获取的利益。同时，消除环境污染的严重后果必然会有相当的费用支出，根据相关司法解释规定，公私财产损失包括污染环境行为直接造成财产损毁、减少的实际价值以及为防止污染扩大、消除污染而采取必要合理措施所产生的费用，故而，公私财产损失数额应当作为确定罚金的一个重要参数。人民法院根据德司达公司的犯罪情节以及缴纳罚金的能力，在实际获取利益和公私财产损失数额的区间幅度内确定判处罚金的数额，既有利于生态环境的修复，也有助于充分发挥刑罚威慑力，督促企业提高依法处置危险废物的自觉性。

二、被告人梁理德、梁特明非法采矿案

【基本案情】

2013年下半年，被告人梁理德和浙江省温岭市箬横镇下山头村村委会商定，由梁理德出面以村委会的名义办理该村杨富庙矿场的边坡治理项目。2013年11月、2014年9月浙江省台州市国土资源局审批同意其开采建筑用石料共计27.31万吨。被告人梁特明受梁理德指使在该矿负责管理日常事务，所采宕碴矿销售给温岭市东海塘用于筑路。至案发，该矿场超越审批许可数量采矿，经浙江省国土资源厅鉴定，该治理工程采挖区界内采挖量合计415756吨（包括岩石381396吨，风化层19523吨，土体12209吨），界外采挖量合计829830吨（包括岩石814289吨，风化层9843吨，土体5698吨），两项共计1245586吨。扣除台州市国土资源局审批许可的27.31万吨及风化层、土体、建筑废料等，二被告人共非法采矿822585吨，价值13161360元。

【裁判结果】

浙江省温岭市人民法院一审认为，被告人梁理德、梁特明违反矿产资源法的规定，未取得采矿许可证擅自采矿，情节特别严重。在共同犯罪中，梁理德起主要作用、系主犯，梁特明起次要、辅助作用，系从犯，依法可以从轻或减轻处罚。鉴于梁特明系从犯，归案后能如实供述其犯罪事实，且当庭自愿认罪，确有悔罪表现，决定对梁特明依法予以减轻处罚并适用缓刑。一审法院以非法采矿罪，判处梁理德有期徒刑四年零六个月，并处罚金人民币35万元；判处梁特明有期徒刑二年，缓刑三年，并处罚金人民币15万元；对梁理德、梁特明的犯罪所得人民币13161360元，予以追缴没收，上缴国库。浙江省台州市中级人民法院二审维持原判。

【典型意义】

本案系非法采矿刑事案件。矿产资源是国家自然资源的重要组成部分，各地滥采、盗采矿产现象较为严重，对此类非法采矿的行为应予严惩。司法实践中，对于被告人非法采矿的数量及价值的认定往往成为案件审理的焦点。本案通过委托有资质的鉴定机构进行鉴定，较为合理地确定了非法采矿数量及价值，为准确量刑奠定了较好基础。本案在判处主犯有期徒刑四年零六个月并处罚金的同时，追缴二被告人的犯罪所得1300万余元，有力地震慑了此类犯罪，维护了国家利益，对增强社会公众对矿产资源的保护意识和守法意识，促进自然资源的有序开发和合理利用有着积极的示范作用和现实意义。

三、被告人白加碧失火案

【基本案情】

2016年3月1日14时许，被告人白加碧与杨兵在四川省宣汉县樊哙镇古凤村2组石渣湾干农活时，白加碧欲将树枝和杂草烧灰作肥，遂从杨兵处借来打火机点燃树枝和杂草，后由于风大引燃山林。白加碧和杨兵见状，边灭火边打电话报警，后在樊哙镇人民政府的组织下于当晚11时将山火扑灭。案发后，白加碧主动到公安机关投案自首。经林业工程技术人员现场勘验，本次火灾共造成了17户村民山林受损，过火面积9.21公顷，烧毁林木5526株（其中幼树2210株），蓄积74.601立方米。

【裁判结果】

四川省宣汉县人民法院一审认为，被告人白加碧过失引发火灾，并造成公民财产损失，危害了公共安全，应予惩处。案发后，白加碧能主动投案自首，并取得了受灾村民的谅解，可从轻处罚。一审法院以失火罪判处白加碧有期徒刑一年零六个月，缓刑二年。一审判决已发生法律效力。

【典型意义】

本案系因野外焚烧树枝杂草引发的失火刑事案件。案发地位于西南地区的大巴山山区，由于山区群众法律意识淡薄，对森林火灾警惕性不高，防火观念不强，在林区农业耕作时常常野外用火焚烧秸秆、杂草等。与发生在城乡聚居区的失火案件不同，案发地森林资源丰富，珍稀野生动植物种类繁多，具有重要的生态价值和经济价值，一旦发生森林火灾，既威胁人民群众的生命财产安全，危害公共安全，又严重破坏森林资源和生态环境。本案判决警醒广大群众，不仅滥采滥伐、滥捕滥猎是破坏环境资源的违法行为，野外焚烧树枝杂草等行为导致森林火灾也可能构成犯罪。本案的依法审理有利于促使广大群众提高森林防火、安全用火意识，自觉做好生态资源保护和护林防火工作，维护森林资源安全。

四、山东省烟台市人民检察院诉王振殿、马群凯环境污染民事公益诉讼案

【基本案情】

2014年2月至4月期间，王振殿、马群凯在没有办理任何注册、安检、环评等手续的情况下，在山东省莱州市柞村镇消水庄村从事盐酸清洗长石颗粒项目。作业过程中产生的60吨废酸液发生渗漏。渗漏废酸液对酸洗池周边土壤和地下水造成污染，又通过排水沟对消水河水体造成污染。2014年底，王振

殿、马群凯盐酸清洗长石颗粒作业被莱州市公安局查获关停后，王振殿用沙土将20吨废酸液填埋于酸洗池内。经鉴定，王振殿、马群凯的行为对附近的地下水、土壤和消水河水体造成污染，案涉酸洗池内受污染沙土属于危险废物，因污染造成的生态环境损失共计77.6万元。2016年6月1日，王振殿、马群凯因犯污染环境罪被追究刑事责任。2017年1月3日，山东省烟台市人民检察院向山东省烟台市中级人民法院提起环境民事公益诉讼，请求判令王振殿、马群凯消除危险，治理酸洗池内受污染沙土，对污染区域周边地下水、土壤和消水河内水体的污染部分恢复原状；如不能恢复原状、消除危险，则赔偿酸洗池内受污染沙土的处置费用及生态损害修复费用共计77.6万元。

【裁判结果】

烟台中院一审认为，王振殿、马群凯用来填埋废酸液的沙土吸附酸洗池中的废酸液，成为含有或沾染腐蚀性毒性的危险废物。鉴定机构出具的环境损害检验报告将酸洗池内受污染沙土总量223吨作为危险废物量，单位治理成本为每吨250元至800元。莱州市环境监测站监测报告显示，酸洗池内残留废水属于强酸性废水。王振殿、马群凯通过酸洗池、排水沟排放的酸洗废水系危险废物，导致部分居民家中水井无法饮用。储存于酸洗池期间渗漏的废水渗透至周边土壤和地下水，排水沟内的废水流入消水河。涉案污染区域周边没有其他类似污染源，可以确定受污染地下水系王振殿、马群凯实施的环境污染行为造成。根据专家意见，在消除污染源阻断污染因子进入地下水环境的情况下，原污染区可能达到水质标准，但并不意味着地区生态环境好转或已修复。王振殿、马群凯仍应当承担污染区域的生态环境损害修复责任，不能自行修复的，应当承担修复费用。一审法院根据鉴定机构出具的检验报告，取虚拟治理成本的6倍，按照已生效的刑事判决认定的偷排酸洗废水60吨计算，认定生态环境损害修复费用为72万元。一审法院判决：王振殿、马群凯在环境保护主管部门的监督下按照危险废物的处置要求将酸洗池内受污染沙土223吨进行处置消除危险，如不能自行处置，则赔偿处置费用5.6万元，由环境保护主管部门委托第三方进行处置；对污染区域周边地下水、土壤和消水河内水体的污染治理制定修复方案并进行修复，逾期不履行修复义务或者修复未达到标准的，赔偿生态损害修复费用72万元，支付至烟台市环境公益诉讼基金账户。一审判决已发生法律效力。

【典型意义】

本案系人民检察院提起的环境民事公益诉讼，涉及污染地表水、地下水、土壤及危险废物的处置等一系列问题。本案判决明确污染区域水质恢复达标并不意味着区域生态环境已经修复，侵权人以此为由主张不承担法律责任不能得到支持。对于生态环境损害修复费用的认定，法院采纳鉴定意见将酸洗池内受污染沙土纳入危险废物，同时认定被告排放的强酸废水亦属危险废物，进而参照合理的计算方法确定了处置费用和生态环境损害修复费用。本案判决被告在环境保护主管部门监督下履行修复责任，有利于受损生态环境的科学修复和判决义务的妥当履行，对于此类案件的审理具有较好的示范意义。

五、重庆市长寿区珍心鲜农业开发有限公司诉中盐重庆长寿盐化有限公司、四川盐业地质钻井大队环境污染责任纠纷案

【基本案情】

中盐重庆长寿盐化有限公司（以下简称中盐长寿公司）系生产销售工业盐及其化工产品的公司，其所有的矿井包括长平一井、长平二井、长平三井。中盐长寿公司与四川盐业地质钻井大队（以下简称四川钻井大队）签订合同，约定由四川钻井大队负责长平三井钻井施工，施工过程中产生的含盐特征污水给距离约30米的珍心鲜农业开发有限公司（以下简称珍心鲜农业公司）农业基地造成污染。经长寿区人民政府主持调解，珍心鲜农业公司与四川钻井大队签订《协议书》，约定四川钻井大队一次性支付珍心鲜农业公司50万元补偿款。2012年4月至5月，因四川钻井大队处理、填埋钻井产生的污染物措施不当以及下雨等原因，致使包括珍心鲜农业公司在内的数家农业基地受到污染。中盐长寿公司所有的长平二井位于珍心鲜农业公司农业基地西北侧约100米。2012年4月，长平二井配套管道发生泄漏，亦导致包括珍心鲜农业公司在内的农业基地受到污染。有关部门先后多次组织调解，并对土地污染情况、损害程度、损害费用等进行鉴定和评估。鉴定意见认定环境污染损害包括财产损失和污染修复所需费用两部分，珍心鲜农业公司财产损失为27.67万元，污染修复所需费用为9.848万元。珍心鲜农业公司提起诉讼，要求停止侵害、恢复原状、赔偿农产品损失、土壤修复期间损失等费用。

【裁判结果】

重庆市渝北区人民法院一审认为，中盐长寿公司、四川钻井大队分别实施了环境污染行为，导致包含珍心鲜农业公司在内的农业基地受到含盐特征污染物的污染。中盐长寿公司、四川钻井大队的侵权行为在主观上并不具有关联性与意思联络，应当根据侵权责任法第十一条的规定承担连带责任。重庆市第一中级人民法院二审认为，中盐长寿公司、四川钻井大队分别实施了侵权行为，但主观上无侵权意思联络，虽然无法详细区分各自排放污染物数量及污染范围，但单就两污染源各自的侵权行为尚不足以造成本案全部损害。根据侵权责任法第十二条的规定，应由中盐长寿公司、四川钻井大队各自承担相应的责任。根据鉴定报告，结合长平三井位于案涉农业基地西侧约 30 米，长平二井位于案涉农业基地西北侧约 100 米，且长平三井共发生过两次污染事实，可判断两个污染源中长平三井的原因力较大，长平二井的原因力较小。二审法院酌定长平三井的原因力为 60%，长平二井的原因力为 40%。二审改判中盐长寿公司、四川钻井大队恢复珍心鲜农业公司被污染土地原状，如逾期未采取恢复措施，则分别按照 40%、60% 比例支付修复费用，并按比例赔偿珍心鲜农业公司土壤修复期间的损失及农产品减产损失。

【典型意义】

本案系无意思联络数人环境侵权案件。在存在无意思联络多个污染行为导致同一损害后果的情况下，分析各污染行为与损害后果的原因力大小是审理的难点。本案中，两处污染源、先后三次污染行为排放的污染物在受损土壤中渗透、迁移、扩散，共同结合造成同一不可分的损害后果，由此可推知单一污染行为尚不足以造成本案全部损害后果，应适用侵权责任法第十二条，由各侵权人承担按份赔偿责任。本案判决结合受污染地域区位、受损环境检测数据、自然科学知识进行分析，合理确定污染行为所占原因力的大小，对于此类环境侵权案件的审理具有较好的示范作用。因环境污染不仅会导致被侵权人的财产损失，也会直接对环境造成不良影响，本案在判令侵权人赔偿损失的同时承担生态环境修复责任，体现了环境侵权救济中以修复生态环境为中心的司法理念，具有较好的示范意义。

六、山西京海公司等诉莱芜钢铁集团莱芜矿业有限公司股权转让纠纷案

【基本案情】

2010 年 10 月 30 日，山西京海公司等三企业与莱芜钢铁集团莱芜矿业有限公司（以下简称莱芜矿业公司）签订《转让合同》，约定山西京海公司等在尽可能短的时间内完成矿业权整合，并注册成立新公司，作为完成整合后的唯一矿业权人；莱芜矿业公司受让持有矿业权的新公司全部资产。合同签订后，山西京海公司等将矿山和实物资产全部交予莱芜矿业公司。此后，山西京海公司等将矿业权整合方案上报审批。2014 年 9 月 1 日，新矿业权人丰镇京海公司取得全部整合范围的矿业权。2012 年 5 月 29 日，莱芜矿业公司提出终止《转让

合同》。2012年6月5日，山西京海公司等回函声明不存在违约情况，拒绝接管财产。此后，双方多次函件往来。2012年8月15日，莱芜矿业公司发出通知，要求山西京海公司等派员接管所有资产，返还预付款等。2014年9月11日，山西京海公司函告莱芜矿业公司，要求莱芜矿业公司派员办理丰镇京海公司的全部股权转让手续。山西京海公司等向法院提起诉讼，请求莱芜矿业公司继续履行合同、支付剩余价款，配合将丰镇京海公司的全部股权变更登记至莱芜矿业公司，并赔偿拒绝履行合同的利息损失。莱芜矿业公司提出反诉，请求确认《转让合同》已解除，山西京海公司等连带返还预付款。

【裁判结果】

内蒙古自治区高级人民法院一审认为，本案性质为股权转让纠纷。山西京海公司等最终完成资源整合，不存在违约行为，莱芜矿业公司提出解除合同的行为不发生效力，合同应继续履行。遂判决莱芜矿业公司继续履行《转让合同》，支付剩余合同价款，配合将丰镇京海公司的全部股权变更登记至莱芜矿业公司。最高人民法院二审认为，矿业权登记在矿山法人企业名下，成为法人财产。虽然矿山法人股权转让可能造成公司资产架构、实际控制人等方面的变动，对矿业权的行使产生影响，但基于公司法人人格独立原则，公司股权转让与公司持有的矿业权转让性质不同，两者在交易主体、交易标的、审批程序、适用法律等方面均存在差别。山西京海公司等将矿业权和实物资产交付莱芜矿业公司，将完成整合后的矿业权划转到丰镇京海公司名下，其与莱芜矿业公司基于合同约定发生的是丰镇京海公司股权转让的法律关系，依法不需行政审批。合同解除权的行使应以符合约定或者法定解除条件为前提，即提出解除合同的一方当事人应以拥有约定解除权或者法定解除权为前提。莱芜矿业公司不具备约定或者法定合同解除权，其关于山西京海公司等未在法定期限3个月内提起异议之诉，解除合同通知当然发生效力的主张不能成立。山西京海公司曾催告莱芜矿业公司协助办理股权变更手续，莱芜矿业公司不予配合，致使股权变更约定未能履行，不利后果应由莱芜矿业公司承担。最高人民法院二审维持原判。

【典型意义】

本案系矿产资源整合过程中矿山法人企业股权转让引发的纠纷，如何准确认定合同性质是审理此类案件的重点和难点。本案中，转让人已将案涉矿业权登记在约定的目标公司名下，其与受让人之间基于合同约定发生的是新矿业权人股权转让的法律关系。矿业权人股权转让与矿业权转让性质不同，在不变更矿业权主体、不发生采矿权和探矿权权属变更的情况下，不宜将股权转让行为视同变相的矿业权转让行为。同时，本案判决明确合同解除权的行使应符合合同约定的解除条件或者法定的解除条件，对于依法确定解除合同通知效力，防止合同解除权的滥用、保护诚信履约方亦具有积极意义。

七、贵州省清镇市流长苗族乡人民政府诉黄启发等确认合同无效纠纷案

【基本案情】

2009 年 2 月 15 日，贵州省清镇市人民政府颁发林权证，确定清镇市流长苗族乡对冒井村木叶高坡 115.4 亩防护林林地、森林或林木享有所有权和使用权。2013 年 12 月 6 日，流长乡政府与黄启发签订《贵州省清镇市流长苗族乡木叶高坡林场经营权转包合同》，约定“流长乡政府将前述林地、林木发包给黄启发从事农业项目（特色经果林）种植生产经营，转包经营权期限为 65 年，转包价格 20 万元”。黄启发与王洁合伙共同经营，将转包林地中约 14 亩用于栽种折耳根，其余大部分用于栽种天麻。2016 年 2 月 5 日，王洁将部分林木卖与周兵，周兵砍伐林木 78 株，被林业部门处以罚款并被责令补种林木。2017 年 1 月 9 日，流长乡政府向法院提起诉讼，请求确认其与黄启发签订的林场经营权转包合同无效，黄启发、王洁返还林场。黄启发、王洁提起反诉，请求判令流长乡政府返还转包费 20 万元及资金占用损失 138493.13 元，补偿损失 753644 元。

【裁判结果】

贵州省清镇市人民法院一审认为，流长乡政府与黄启发签订合同，约定将作为防护林的木叶高坡林场转包与黄启发从事农业项目种植生产经营，将防护林的用途更改为商品林，违反了森林法第十五条第三款的强制性规定，依法应认定为无效合同。流长乡政府主张该合同无效的诉讼请求依法应予支持。流长乡政府与黄启发签订合同后，从黄启发处取得的转包款扣除已经履行的部分后应当返还。黄启发因该合同取得案涉林地使用权应当返还流长乡政府。鉴于黄启发、王洁在该地上栽种的经济作物尚未收获，综合考虑生态保护与当事人损失之间的关系以及黄启发、王洁栽种的经济作物收获问题，酌定返还期限为 2017 年 12 月 31 日前。黄启发、王洁在返还之前应当对林地内的植被妥善保护，在收获天麻和折耳根作物时应当采取最有利于生态保护的收获方法，流长乡政府应当对此进行监督。流长乡政府与黄启发所签合同无效，流长乡政府作为国家机关，对相关法律规定的掌握程度明显高于黄启发，确定流长乡政府对

合同无效承担70%的过错责任，黄启发承担30%的过错责任。一审法院判决：确认案涉转包合同无效，黄启发、王洁返还防护林，流长乡政府返还转包款并赔偿70%资金占用损失和经济损失。一审判决已发生法律效力。

【典型意义】

本案系林地转包合同纠纷。依据森林法第十五条的规定，除用材林、经济林、薪炭林及其林地使用权、采伐迹地、火烧迹地的林地使用权，国务院规定的其他森林、林木和其他林地使用权可以依法转让或者作价入股外，其他森林、林木和林地使用权不得转让。本案中，合同当事人约定转包防护林林木、林地，将防护林地用于从事农业项目种植生产经营，更改了防护林的性质。本案判决认定转包合同违反法律的强制性规定，既符合森林法“发挥森林蓄水保土、调节气候、改善环境和提供林产品的作用”的立法目的，亦符合森林法关于防护林为“以防护为主要目的的森林、林木和灌木丛”的分类界定，对于同类案件认定林木、林地发包、承包、转包等合同的法律效力具有参考意义。本案判决在认定合同无效的同时，考虑到案涉林地已栽种经济作物的实际情况，判令承包人收获后返还，在返还林地前对林地内的植被妥善保护，在收获时应当采取最有利于生态保护的收获方法，兼顾了保护当事人利益与保护生态环境的关系，对处理类似案件具有较好的借鉴意义。

八、陈永荣等诉南宁振宁开发有限责任公司噪音污染损害赔偿纠纷案

【基本案情】

陈永荣、梁向红于2007年3月购买了振宁公司开发的振宁阳光康城3号楼A单元501号房。该楼房地下一层为车库和水泵房等。陈永荣、梁向红、陈晟称，自2008年9月入住以来，一直受到水泵运转发出的噪声影响，导致陈永荣左耳听力下降，为此多次到医院治疗。2009年8月31日，陈永荣委托南宁市环境保护监测站在案涉房屋卧室对水泵噪声进行监测，结论为：501号房主卧室昼间实测值为42.1分贝、夜间实测值为38.2分贝。为此，振宁公司对案涉楼房地下一层的水泵房采取了更换水泵等减噪措施。陈永荣等仍感到噪声未消除，遂再次委托监测，结论为：501号房卧室夜间实测值为40.9分贝。此后，振宁公司未再对案涉水泵采取整改措施。陈永荣等三人提起诉讼，请求振宁公司赔偿医疗费及后续治疗费、精神抚慰金、噪声检测费、专项维修资金、房屋购置税、房屋办证费；按市场价回收案涉房屋，并支付搬迁费。

【裁判结果】

广西壮族自治区南宁市西乡塘区人民法院一审认为，振宁公司作为开发商，应确保其设置的水泵噪声符合环保要求。案涉房屋卧室的水泵噪声夜间值高于《社会生活环境噪声排放标准》规定的限值，构成环境噪声污染，陈永荣等三人主张的侵权事实成立。因案涉水泵噪声未能根本解决，一审法院判决：振宁公司按市场价格回购案涉房屋，并向陈永荣等三人赔偿搬迁费、医疗费等费用。南宁市中级人民法院二审认为，振宁公司作为开发商及案涉水泵安装地点的选定者，应确保其所选定的水泵设置位置不对业主产生噪声干扰，并有对水泵采取隔音防噪措施的义务，且该义务不能简单通过房屋买卖而转移给业主。虽然《社会生活环境噪声排放标准》的适用范围为营业性文化娱乐场所、商业经营活动，但既然上述活动中对周围环境（含住宅环境）排放的噪声超过规定限值即构成噪声污染，根据环境噪声污染防治法第二条的规定，案涉水泵运转声音干扰他人正常生活、工作和学习并超过国家规定的环境噪声排放标准时，亦构成噪声污染。经监测，案涉房屋卧室水泵运转所产生的噪声夜间高于《社会生活环境噪声排放标准》规定的卧室夜间噪声限值，亦高于同期《住宅设计规范》规定的住宅卧室夜间噪声标准，构成噪声污染。因振宁公司未能证明其已完全尽到隔音降噪义务或案涉水泵噪声污染系水泵自身单方原因造成，其对案涉水泵噪声给陈永荣等三人造成的损害依法应承担赔偿责任。因案涉水泵噪声未能根本解决，二审法院判决：振宁公司按市场价格回购案涉房屋，并承担相应赔偿责任。

【典型意义】

本案系商品房住宅楼内水泵噪声污染造成损害的新类型环境污染侵权纠纷。法院充分考虑住宅楼内水泵噪声污染的特殊性，基于振宁公司是开发商及案涉水泵安装地点的选定者的事实，认定其对水泵的安装有采取隔音防噪措施的义务，且该义务不能转移给业主。本案判决基于目前缺乏住宅楼内水泵运行噪声标准的现实情况，参照适用《社会生活环境噪声排放标准》，认定住宅楼内水泵运转声音干扰他人正常工作和生活并超过国家规定的环境噪声排放标准的，构成噪声污染，具有合理性。在振宁公司经整改仍无法解决水泵噪声污染的情况下，本案判决振宁公司回购案涉房屋并赔偿相应损失，对于维护人民群众宁静生活的权益，警示和督促房地产开发企业关注噪声问题，自觉承担生态环境保护社会责任，具有较好的示范引导作用。

九、湖北省宜昌市西陵区人民检察院诉湖北省利川市林业局不履行法定职责行政公益诉讼案

【基本案情】

溜子湾公司在申请续办使用林地手续尚未获得审批期间，违法占用林地进行矿石开采作业。利川市林业局在专项清查中发现溜子湾公司违法占用林地，遂作出林业行政执法行为，督促溜子湾公司停止露天焚烧煤矸石，并将所占林地恢复林业生产条件和植被。2015 年 12 月 14 日，利川市人民法院针对溜子湾公司法定代表人朱耀刚非法占用林地犯罪作出刑事判决。在办理刑事案件过程中，利川市人民检察院发现溜子湾公司除非法占用林地进行开采外，还违反《建设项目环境影响报告表》和利川市环境保护局审批意见的要求，采用露天焚烧煤矸石的生产工艺，直接向空气中排放大量气体污染物，导致开采区及周边影响区林木死亡及受损。但利川市林业局实施的行政执法行为和对朱耀刚的刑事处罚均仅限于溜子湾公司违法占用林地的开采区内，并未针对因煤矸石露天焚烧熏死的影响区林木采取任何行政执法措施。利川市人民检察院于 2016 年 10 月 14 日向利川市林业局发出检察建议书。利川市林业局收到检察建议后虽多次组织相关单位和人员到开采区检查、督办煤矸石熄灭和植被恢复等工作，但对影响区林木的损毁问题仍未依法履行职责。由于溜子湾公司开采区燃烧的煤矸石未熄灭且持续向周边林木散发有害气体，58419 平方米（87.7 亩）影响区内仍有大片被有害气体熏死的林木，2016 年 12 月 28 日，宜昌市西陵区人民检察院经指定管辖提起行政公益诉讼。

【裁判结果】

湖北省宜昌市西陵区人民法院一审认为，溜子湾公司露天烧矿的行为致使影响区森林资源受到毁坏，涉及生态环境和林业资源保护，应属于国家利益和社会公共利益受到侵害；利川市人民检察院发出检察建议书履行诉前程序后，利川市林业局未履行监管职责，焚烧煤矸石的火源仍未熄灭，并持续向空中散发有害气体，导致国家利益和社会公共利益持续处于受侵害的状态。据此，宜昌市西陵区人民检察院经指定管辖提起行政公益诉讼符合相关法律法规的规定。根据森林法和大气污染防治法相关规定，因露天焚烧煤矸石分别造成大气污染和森林、林木受到毁坏的，系违反不同法律规定，造成不同损害后果，理应由林业主管部门和环境保护主管部门各司其职，依法履行其相应的管理和监督职责。本案影响区的森林属于利川市林业局的管辖范围，监管该片被毁林地及督促植被恢复系利川市林业局的职责。溜子湾公司焚烧煤矸石产生的物质与影响区林木的死亡存在因果

关系，利川市林业局仅就开采区作出处理，却未针对被毁坏的影响区林木作出林业行政管理和监督的行为，而仅仅将之移送环境保护主管部门查处，构成怠于履行监管职责。一审法院判决：责令利川市林业局对溜子湾公司非法烧矿毁坏森林的行为依法履行职责。一审判决已发生法律效力。

【典型意义】

本案系跨行政区划审理的环境行政公益诉讼案件，对于污染行为涉及多个行政主管部门职责情况下督促行政机关依法履行各自监管职责具有示范意义。本案依据森林法和大气污染防治法相关规定，明确了当同一违法行为对不同性质的环境、资源造成损害时，不同行政部门应在各自的管辖范围内承担监管之责，对特定资源负有监管职责的行政机关推诿塞责、简单将案件移送其他部门处理的行为亦属于行政不作为的范畴。尽管利川市林业局曾经针对案涉开采区作出过行政执法行为，但因其未继续、全面地履行监管职责，致使影响区的森林环境仍持续受到侵害，本案判决认定其未完全履行法定职责并判令其继续履职，对促进行政机关依法、及时、全面履行行政职责，切实保护国家利益和社会公共利益具有积极作用。

十、李兆军诉浙江省绍兴市上虞区环境保护局行政处罚案

【基本案情】

2014 年 6 月 9 日，浙江省绍兴市上虞区人民政府办公室印发《上虞区畜禽养殖禁养区、限养区划分方案的通知》，并于 2014 年 7 月 1 日在上虞区人民政府门户网站公布。该通知第四部分划分区域（一）禁养区区域五为“省、绍兴市级（上虞段）及区级河道两侧 200 米”。2015 年 8 月 12 日，上虞区环保局经现场踏勘认定李兆军在禁止养殖区域内从事畜禽养殖活动，依法作出环境违法行为限期改正决定书，责令李兆军于 2015 年 8 月 21 日前停止养殖行为。2015 年 8 月 25 日，上虞区环保局再次检查时发现李兆军仍在原区域从事养殖活动。2015 年 9 月 11 日，上虞区环保局执法人员向李兆军留置送达行政处罚事先告知书，责令其立即停止违法行为，并依照违法情形拟作出罚款人民币 3000 元的行政处罚。2015 年 9 月 29 日，上虞区环保局作出虞环罚字（2015）176 号行政处罚决定书并于 2015 年 10 月 10 日向李兆军留置送达。李兆军不服上述行政处罚向绍兴市上虞区人民法院提起行政诉讼，要求确认上虞区环保局作出的行政处罚决定违法并撤销，一并审查绍兴市上虞区人民政府办公室《上虞区畜禽养殖禁养区、限养区划分方案的通知》的合法性。经绍兴市中级人民法院指定管辖，绍兴市越城区人民法院受理本案。

【裁判结果】

浙江省绍兴市越城区人民法院一审认为，行政规范性文件的司法审查和行政行为的合法性审查是本案审理重点。本案所涉《通知》由上虞区人民政府办公室制定，内容涉及不特定公民、法人或者其他组织的权利义务，在一定时期内可反复适用，且在相应行政区域内具有普遍约束力，系法律效力在行政规章以下政府文件，属于行政规范性文件。同时李兆军是对上虞区环保局作出的行政行为不服提起诉讼时一并提出审查，符合行政诉讼法第五十三条第一款规定。从制定权限看，依据《浙江省水污染防治条例》第二十五条规定，上虞区人民政府办公室具有划定本区域内畜禽养殖禁养区和限养区的合法权限。从制定内容来看，上虞区人民政府办公室从防治水污染，保护和改善环境，促进经济可持续发展角度考虑并依照法律、法规规定划定的禁止养殖区域符合上位法规定。从制定程序来看，上虞区人民政府办公室在《通知》起草过程中已公开征求有关基层单位的意见、经上虞区政府法制机构合法性审查并经制定机关负责人集体讨论决定，符合行政规范性文件制定的程序要求。李兆军在禁止养殖区域内从事畜禽养殖活动，在上虞区环保局责令其停止违法行为后拒不停止违法行为且至今仍从事养殖活动的事实清楚。上虞区环保局认定李兆军的养殖行为违反《浙江省畜禽养殖污染防治办法》第九条第一款，并依据该条例第二十条第一款作出行政处罚决定，证据确凿，适用法律、法规正确。一审法院判决：驳回李兆军的诉讼请求。浙江省绍兴市中级人民法院二审维持原判。

【典型意义】

本案系行政相对人起诉时一并请求对规范性文件进行审查的行政诉讼案件。行政诉讼法第五十三条规定，“公民、法人或者其他组织认为行政行为所依据的国务院部门和地方人民政府及其部门制定的规范性文件不合法，在对行政行为提起诉讼时，可以一并请求对该规范性文件进行审查。前款规定的规范性文件不含规章。”司法实践中，由于法律对规范性文件的含义、制发主体、程序、权限以及审查内容、程度、标准等缺乏明确规定，需要统一审查标准。本案判决阐述了规范性文件的含义，并从文件制定权限、制定内容和制定程序三方面对该规范性文件的合法性问题进行充分的说理和论证，对于此类案件的审理具有较好的借鉴意义。

[行政法规、法规性文件与解读]

国务院

关于修改和废止部分行政法规的决定

（2018 年 3 月 19 日国务院令第 698 号公布　自公布之日起施行）

为了依法推进简政放权、放管结合、优化服务改革，国务院对取消行政许可项目及制约新产业、新业态、新模式发展涉及的行政法规进行了清理。经过清理，国务院决定：

一、对 18 部行政法规的部分条款予以修改。（附件 1）

二、对 5 部行政法规予以废止。（附件 2）

本决定自公布之日起施行。

附件：1. 国务院决定修改的行政法规

　　　2. 国务院决定废止的行政法规

附件 1

国务院决定修改的行政法规

一、将《中华人民共和国计量法实施细则》第二条修改为："国家实行法定计量单位制度。法定计量单位的名称、符号按照国务院关于在我国统一实行法定计量单位的有关规定执行。"

删去第十四条、第十五条。

第十六条改为第十四条，修改为："制造、修理计量器具的企业、事业单位和个体工商户须在固定的场所从事经营，具有符合国家规定的生产设施、检验条件、技术人员等，并满足安全要求。”

删去第十七条。

第二十三条改为第二十条，将其中的“凡没有产品合格印、证和《制造计量器具许可证》标志的计量器具不得销售”修改为“凡没有产品合格印、证标志的计量器具不得销售”。

第四十条改为第三十七条，删去其中的“制造、修理计量器具申请许可证”。

第四十四条改为第四十一条，修改为：“违反《中华人民共和国计量法》第十四条规定，制造、销售和进口非法定计量单位的计量器具的，责令其停止制造、销售和进口，没收计量器具和全部违法所得，可并处相当其违法所得10%至50%的罚款。”

删去第四十七条。

二、将《中华人民共和国河道管理条例》第十五条中的“上级河道主管机关”修改为“县级以上地方人民政府河道主管机关”。

三、删去《中华人民共和国防治海岸工程建设项目污染损害海洋环境管理条例》第十一条。

第十二条改为第十一条，修改为：“海岸工程建设项目竣工验收时，建设项目的环境保护设施经验收合格后，该建设项目方可正式投入生产或者使用。”

四、将《水库大坝安全管理条例》第十六条修改为：“大坝坝顶确需兼做公路的，须经科学论证和县级以上地方人民政府大坝主管部门批准，并采取相应的安全维护措施。”

五、将《城市供水条例》第十九条修改为：“城市自来水供水企业和自建设施对外供水的企业，经工商行政管理机关登记注册后，方可从事经营活动。”

删去第三十二条第一款中的“报城市供水行政主管部门和卫生行政主管部门批准”。

六、将《城市房地产开发经营管理条例》第十七条修改为：“房地产开发项目竣工，依照《建设工程质量管理条例》的规定验收合格后，方可交付使用。”

删去第十八条、第三十六条、第三十七条。

七、删去《中华人民共和国森林法实施条例》第三十四条第一款。

第四十条修改为："违反本条例规定，收购没有林木采伐许可证或者其他合法来源证明的木材的，由县级以上人民政府林业主管部门没收非法经营的木材和违法所得，并处违法所得2倍以下的罚款。"

八、删去《中华人民共和国人民币管理条例》第二十六条。

第四十四条改为第四十三条，将第一款中的"违反本条例第二十五条、第二十六条、第二十七条第一款第二项和第四项规定的"修改为"违反本条例第二十五条、第二十六条第一款第二项和第四项规定的"。

九、删去《物业管理条例》第二十四条中的"具有相应资质的"。

第三十二条第二款修改为："国务院建设行政主管部门应当会同有关部门建立守信联合激励和失信联合惩戒机制，加强行业诚信管理。"

删去第五十九条。

第六十条改为第五十九条，删去其中的"情节严重的，由颁发资质证书的部门吊销资质证书"。

第六十一条改为第六十条，删去其中的"物业服务企业挪用专项维修资金，情节严重的，并由颁发资质证书的部门吊销资质证书"。

十、删去《中华人民共和国知识产权海关保护条例》第三十二条。

十一、删去《病原微生物实验室生物安全管理条例》第二十一条第二款。

第二十二条第一款中的"取得从事高致病性病原微生物实验活动资格证书的实验室，"修改为"三级、四级实验室"。

第二十三条第一款中的"取得相应资格证书的实验室"修改为"具备相应条件的实验室"。

第二十六条修改为："国务院卫生主管部门和兽医主管部门应当定期汇总并互相通报实验室数量和实验室设立、分布情况，以及三级、四级实验室从事高致病性病原微生物实验活动的情况。"

第五十六条修改为："三级、四级实验室未经批准从事某种高致病性病原微生物或者疑似高致病性病原微生物实验活动的，由县级以上地方人民政府卫生主管部门、兽医主管部门依照各自职责，责令停止有关活动，监督其将用于实验活动的病原微生物销毁或者送交保藏机构，并给予警告；造成传染病传播、流行或者其他严重后果的，由实验室的设立单位对主要负责人、直接负责的主管人员和其他直接责任人员，依法给予撤职、开除的处分；构成犯罪的，依法追究刑事责任。"

第五十八条中的“卫生主管部门或者兽医主管部门对符合法定条件的实验室不颁发从事高致病性病原微生物实验活动的资格证书，或者对出入境检验检疫机构为了检验检疫工作的紧急需要”修改为“卫生主管部门或者兽医主管部门对出入境检验检疫机构为了检验检疫工作的紧急需要”。

第六十一条中的“由原发证部门吊销该实验室从事高致病性病原微生物相关实验活动的资格证书”修改为“责令停止该项实验活动，该实验室2年内不得申请从事高致病性病原微生物实验活动”。

十二、将《中华人民共和国濒危野生动植物进出口管理条例》第十条修改为：“进口或者出口濒危野生动植物及其产品的，申请人应当按照管理权限，向其所在地的省、自治区、直辖市人民政府农业（渔业）主管部门提出申请，或者向国务院林业主管部门提出申请，并提交下列材料：

“（一）进口或者出口合同；

“（二）濒危野生动植物及其产品的名称、种类、数量和用途；

“（三）活体濒危野生动物装运设施的说明资料；

“（四）国务院野生动植物主管部门公示的其他应当提交的材料。

“省、自治区、直辖市人民政府农业（渔业）主管部门应当自收到申请之日起10个工作日内签署意见，并将全部申请材料转报国务院农业（渔业）主管部门。”

十三、删去《防治海洋工程建设项目污染损害海洋环境管理条例》第十条第一款、第十三条中的“委托具有相应环境影响评价资质的单位”。

删去第十五条。

第二十九条改为第二十八条，第一款修改为：“海洋工程需要拆除或者改作他用的，应当在作业前报原核准该工程环境影响报告书的海洋主管部门备案。拆除或者改变用途后可能产生重大环境影响的，应当进行环境影响评价。”

第四十七条改为第四十六条，将第三项中的“批准”修改为“备案”。

十四、删去《土地调查条例》第十三条第二款第二项中的“资质和”。第三款修改为：“国务院国土资源主管部门应当会同国务院有关部门加强对承担土地调查任务单位的监管和服务。”

十五、将《防治船舶污染海洋环境管理条例》第十四条第一款中的“批准”修改为“备案”。

十六、删去《消耗臭氧层物质管理条例》第十一条第一款第三项中的

"环境保护主管部门"。

十七、将《中华人民共和国海关事务担保条例》第十条修改为："按照海关总署的规定经海关认定的高级认证企业可以申请免除担保，并按照海关规定办理有关手续。"

十八、删去《中华人民共和国招标投标法实施条例》第十一条第一款。

删去第十三条第一款中的"其资格许可和"，删去第三款。

此外，对相关行政法规中的条文序号作相应调整。

附件 2

国务院决定废止的行政法规

一、中华人民共和国私营企业暂行条例（1988 年 6 月 25 日国务院发布）

二、中华人民共和国水污染防治法实施细则（2000 年 3 月 20 日国务院发布）

三、地质勘查资质管理条例（2008 年 3 月 3 日国务院公布）

四、种畜禽管理条例（1994 年 4 月 15 日国务院发布　根据 2011 年 1 月 8 日《国务院关于废止和修改部分行政法规的决定》修订）

五、劳动教养试行办法（1982 年 1 月 21 日国务院批准）

奥林匹克标志保护条例

（2002 年 2 月 4 日国务院令第 345 号公布
2018 年 6 月 28 日国务院令第 699 号修订）

第一条　为了加强对奥林匹克标志的保护，保障奥林匹克标志权利人的合法权益，促进奥林匹克运动发展，制定本条例。

第二条　本条例所称奥林匹克标志，是指：

（一）国际奥林匹克委员会的奥林匹克五环图案标志、奥林匹克旗、奥林匹克格言、奥林匹克徽记、奥林匹克会歌；

（二）奥林匹克、奥林匹亚、奥林匹克运动会及其简称等专有名称；

（三）中国奥林匹克委员会的名称、徽记、标志；

（四）中国境内申请承办奥林匹克运动会的机构的名称、徽记、标志；

（五）在中国境内举办的奥林匹克运动会的名称及其简称、吉祥物、会歌、火炬造型、口号、“主办城市名称＋举办年份”等标志，以及其组织机构的名称、徽记；

（六）《奥林匹克宪章》和相关奥林匹克运动会主办城市合同中规定的其他与在中国境内举办的奥林匹克运动会有关的标志。

第三条 本条例所称奥林匹克标志权利人，是指国际奥林匹克委员会、中国奥林匹克委员会和中国境内申请承办奥林匹克运动会的机构、在中国境内举办的奥林匹克运动会的组织机构。

国际奥林匹克委员会、中国奥林匹克委员会和中国境内申请承办奥林匹克运动会的机构、在中国境内举办的奥林匹克运动会的组织机构之间的权利划分，依照《奥林匹克宪章》和相关奥林匹克运动会主办城市合同确定。

第四条 奥林匹克标志权利人依照本条例对奥林匹克标志享有专有权。

未经奥林匹克标志权利人许可，任何人不得为商业目的使用奥林匹克标志。

第五条 本条例所称为商业目的使用，是指以营利为目的，以下列方式利用奥林匹克标志：

（一）将奥林匹克标志用于商品、商品包装或者容器以及商品交易文书上；

（二）将奥林匹克标志用于服务项目中；

（三）将奥林匹克标志用于广告宣传、商业展览、营业性演出以及其他商业活动中；

（四）销售、进口、出口含有奥林匹克标志的商品；

（五）制造或者销售奥林匹克标志；

（六）其他以营利为目的利用奥林匹克标志的行为。

第六条 除本条例第五条规定外，利用与奥林匹克运动有关的元素开展活动，足以引人误认为与奥林匹克标志权利人之间有赞助或者其他支持关系，构成不正当竞争行为的，依照《中华人民共和国反不正当竞争法》处理。

第七条 国务院市场监督管理部门、知识产权主管部门依据本条例的规定，负责全国的奥林匹克标志保护工作。

县级以上地方市场监督管理部门依据本条例的规定，负责本行政区域内的奥林匹克标志保护工作。

第八条 奥林匹克标志权利人应当将奥林匹克标志提交国务院知识产权主管部门，由国务院知识产权主管部门公告。

第九条 奥林匹克标志有效期为10年，自公告之日起计算。

奥林匹克标志权利人可以在有效期满前12个月内办理续展手续，每次续展的有效期为10年，自该奥林匹克标志上一届有效期满次日起计算。国务院知识产权主管部门应当对续展的奥林匹克标志予以公告。

第十条 取得奥林匹克标志权利人许可，为商业目的使用奥林匹克标志的，应当同奥林匹克标志权利人订立使用许可合同。奥林匹克标志权利人应当将其许可使用奥林匹克标志的种类、被许可人、许可使用的商品或者服务项目、时限、地域范围等信息及时披露。

被许可人应当在使用许可合同约定的奥林匹克标志种类、许可使用的商品或者服务项目、时限、地域范围内使用奥林匹克标志。

第十一条 本条例施行前已经依法使用奥林匹克标志的，可以在原有范围内继续使用。

第十二条 未经奥林匹克标志权利人许可，为商业目的擅自使用奥林匹克标志，或者使用足以引人误认的近似标志，即侵犯奥林匹克标志专有权，引起纠纷的，由当事人协商解决；不愿协商或者协商不成的，奥林匹克标志权利人或者利害关系人可以向人民法院提起诉讼，也可以请求市场监督管理部门处理。市场监督管理部门处理时，认定侵权行为成立的，责令立即停止侵权行为，没收、销毁侵权商品和主要用于制造侵权商品或者为商业目的擅自制造奥林匹克标志的工具。违法经营额5万元以上的，可以并处违法经营额5倍以下的罚款，没有违法经营额或者违法经营额不足5万元的，可以并处25万元以下的罚款。当事人对处理决定不服的，可以依照《中华人民共和国行政复议法》申请行政复议，也可以直接依照《中华人民共和国行政诉讼法》向人民法院提起诉讼。进行处理的市场监督管理部门应当事人的请求，可以就侵犯奥林匹克标志专有权的赔偿数额进行调解；调解不成的，当事人可以依照《中华人民共和国民事诉讼法》向人民法院提起诉讼。

利用奥林匹克标志进行诈骗等活动，构成犯罪的，依法追究刑事责任。

第十三条 对侵犯奥林匹克标志专有权的行为，市场监督管理部门有权依法查处。

市场监督管理部门根据已经取得的违法嫌疑证据或者举报，对涉嫌侵犯奥林匹克标志专有权的行为进行查处时，可以行使下列职权：

（一）询问有关当事人，调查与侵犯奥林匹克标志专有权有关的情况；

（二）查阅、复制与侵权活动有关的合同、发票、账簿以及其他有关资料；

（三）对当事人涉嫌侵犯奥林匹克标志专有权活动的场所实施现场检查；

（四）检查与侵权活动有关的物品；对有证据证明是侵犯奥林匹克标志专有权的物品，予以查封或者扣押。

市场监督管理部门依法行使前款规定的职权时，当事人应当予以协助、配合，不得拒绝、阻挠。

第十四条 进出口货物涉嫌侵犯奥林匹克标志专有权的，由海关参照《中华人民共和国海关法》和《中华人民共和国知识产权海关保护条例》规定的权限和程序查处。

第十五条 侵犯奥林匹克标志专有权的赔偿数额，按照权利人因被侵权所受到的损失或者侵权人因侵权所获得的利益确定，包括为制止侵权行为所支付的合理开支；被侵权人的损失或者侵权人获得的利益难以确定的，参照该奥林匹克标志许可使用费合理确定。

销售不知道是侵犯奥林匹克标志专有权的商品，能证明该商品是自己合法取得并说明提供者的，不承担赔偿责任。

第十六条 奥林匹克标志除依照本条例受到保护外，还可以依照《中华人民共和国著作权法》、《中华人民共和国商标法》、《中华人民共和国专利法》、《特殊标志管理条例》等法律、行政法规的规定获得保护。

第十七条 对残奥会有关标志的保护，参照本条例执行。

第十八条 本条例自2018年7月31日起施行。

[部门规章、规章性文件与解读]

司法部办公厅

关于发布第3批公证指导案例（7—8号）的通知

（2018年6月25日）

各省、自治区、直辖市司法厅（局），新疆生产建设兵团司法局：

经研究，现将商品住房选房顺序摇号现场监督公证等2件案例（指导案例7—8号），作为第3批公证指导案例发布，供各公证机构办理公证业务时参照。

公证指导案例7号

商品住房选房顺序摇号现场监督公证

关键词

商品住房销售　选房顺序摇号　现场监督公证

案情概况

2017年5月，南京市某房地产公司星晖花园项目商品住房销售的申购人数大于房源数。为保障销售活动公平公开透明，5月29日上午，该房地产公司向江苏省南京市某公证处申请办理商品住房选房顺序摇号现场监督公证，希望采用电脑摇号方式确定申购人选房先后顺序。受公证处指派，公证员王某审查了房地产公司代理人提交的营业执照、商品住房预售许可证、授权委托书、销售方案等材料；重点审核了经南京市房地产市场综合执法办公室核验的《报名摇号清册》，确认该商品住房销售项目共有375组申购人，其中有356组符合南京市住房限购政策，具备摇号资格。根据审查情况，公证处于当日受理了公证申请。

随后，公证员王某与房地产公司代理人进行充分沟通，制定了《摇号规则》，重点明确了以下内容：（1）本次摇号活动暂定于5月31日上午10时在公证处进行，如在公示期内有申购人提出异议且不能及时解决的，则推迟摇号时间；（2）摇号活动由公证员全程主持；（3）摇号活动采用电脑摇号方式进行，摇号电脑和软件均由公证处提供；（4）摇号活动现场生成摇号所需要的号码数据，须与申购人在《报名摇号清册》中的报名序号一一对应；（5）摇号活动现场突发情况的处理规则；（6）摇号活动通过公证处官方网站、微信公众号对外进行视频直播。5月29日下午，公证处通过官方网站对《报名摇号清册》《摇号规则》进行了24小时的公示。5月30日，公证处对准备摇号使用的专用电脑进行了检查，与经检测合格的摇号软件共同封存。

公示期满，公证处未接到有效异议。5月31日上午10时，摇号活动如期在公证处举行，公证员王某、张某主持摇号活动。首先，公证员王某现场介绍摇号活动的有关规则，安排公证员助理启封摇号电脑和摇号软件，操作电脑运行摇号软件生成摇号所需要的号码数据。随后，公证员王某宣布了摇号现场突发情况处理规则，公证员助理操作摇号软件随机生成了356组有效申购人的选房先后顺序号码。最后，公证员王某现场宣读公证证词，并对本次摇号活动使用的电脑和软件进行封存。房地产公司代表、申购人代表、人大代表、政协委员、纪检监察人员、房地产监管部门代表、新闻媒体代表受邀到场见证。公证处通过官方网站及微信公众号对摇号过程进行了视频直播。摇号活动结束后，公证处将摇号结果在官方网站进行了公示。6月5日，公证处依法出具了公证书。

案例评析

一、公证要点

1. 公证机构办理商品房选房顺序摇号现场监督公证，应当事先与房屋管理部门充分沟通协调，在工作层面进行有效衔接。公证机构应当从严、从实、全方位、全流程参与摇号过程，切实履行公证职能。

2. 公证机构应当对商品房申购人的信息和资格尽到审查义务，确保用于摇号的基础数据真实、完整和准确，防范人为操作摇号结果的情形发生。符合摇号条件的申购人名单信息应当由公证机构公示，或者公证机构监督开发商公示。

3. 公证机构应当指导公证申请人制定科学严谨的摇号规则，明确相关突发事件的处置预案，确保摇号活动的公平和安全。公证机构发现抽签摇号活动违反事先已明确的规则、当事人及相关人员存在弄虚作假和徇私舞弊的情形，应当终止公证。

4. 公证机构应当重点排除人为和技术上的干涉和干扰，自主控制、自行开展商品房摇号工作。采用计算机摇号的，要保证计算机的专用性，不得用于摇号以外的其他用途；要保证软件由公证协会、公证机构或房屋管理部门自主或委托开发，并经检测合格，在使用的各个环节不存在他人介入的可能，不得使用房地产公司或其他利益相关方提供的软件；计算机及软件在摇号前和摇号后由公证机构封存保管，摇号时不得接入互联网。采用传统人工方式摇号的，要根据规则使用相应的方法和工具，保证摇号的随机性、公正性和全程公开。公证机构应当对现场摇号环节全程录像，并可以采取符合法律规定的形式进行现场直播。

5. 公证机构应当在摇号结束后现场宣布摇号结果，并采取适当方式进行公示，接受社会监督。

二、案例意义

近年来，为促进房产依法公平交易、维护市场经济秩序，越来越多的地方引入公证手段，对商品住房选房顺序摇号活动进行现场监督。公证以客观中立身份一方面帮助制定购房选房规则、解释和运用规则，对选房摇号全过程进行监督、证明和公示，能够确保房产交易公开透明，有效预防房产销售过程中的暗箱操作行为；另一方面能够有效保障人民群众获得公平合理的选购权益，避免矛盾纠纷和群体性事件发生。公证机构在其证明、监督过程中，对交易规则的解释和运用，是向社会、公民进行普法宣传教育的有效途径。

三、相关法律和政策依据

1. 《中华人民共和国公证法》第十一条；

2. 《公证程序规则》第五十二条。

四、专有名词解释

商品住房选房顺序摇号：是指在商品住房项目销售过程中，有效申购人多于项目可供房源的，通过随机摇号的方式确定申购人选房先后顺序的活动。

现场监督公证：是指公证机构根据当事人的申请，依法通过事前审查、现场监督，对招投标、拍卖、开奖、摇号等活动的真实性、合法性予以证明的活动。

公证指导案例 8 号

民办学校入学电脑派位现场监督公证

关键词

学生入学　电脑派位　现场监督公证

案情概况

2017 年 6 月，湖北省某市教育局为做好全市民办初中学校新生入学工作，制定下发了《关于进一步规范 2017 年义务教育阶段新生入学管理工作的通知》，同时制定《电脑派位工作方案》和《电脑派位规则》，要求民办初中学校招收新生时，实行电脑派位和自主招生相结合的办法，并请公证机构进行监督。市教育局提供了委托研发的"初中学校新生入学电脑派位系统"。在市教育局的工作人员前来湖北省某公证处提出公证请求后，公证处指派公证员田某先期对派位系统第三方评审鉴定的全过程以及派位系统加密、刻盘、密封的环节做了全程监督。

7 月 10 日，市教育局的工作人员再次来到公证处，申请对其组织的 2017 年全市民办初中学校新生入学电脑派位过程及其结果进行现场监督公证。公证员田某审查了盖有教育局公章和法定代表人签名的公证申请书、法定代表人身份证明、授权委托书、代理人身份证明、《关于各民办学校报名人数和电脑派位拟录取人数的情况说明》后，受理了公证申请。

7 月 13 日上午，公证员田某和助理前往市教育局。在公证人员的监督下，各学校报名数据由市教育局工作人员逐一进行比对，确认无误后将数据形成电子文档，与电脑派位系统软件一同刻录到光盘中。光盘经市教育局工作人员和公证员共同签封后，交由公证处专门保管。对于用来派位的专用电脑，公证员进行检查后予以封存。

7 月 15 日上午，公证员田某和助理来到市教育局电脑派位现场，在学生家长代表、政府有关部门和监察部门工作人员的见证下，当众启封电脑和光盘。公证员就前期电脑派位系统编程科学、合理、可行性的认证以及检测效果、数据录入、电脑系统及场所封存和检查情况，向在场人员进行了说明。之后，公证员监督市教育局工作人员操作电脑进行随机派位，并将结果暨录取名单打印一式三份，由市教育局负责人、各学校负责人和公证员签名确认。公证处据此证明民办初中新生入学电脑派位工作全过程符合法律规定和有关规则，派位结果真实、有效，并当场宣读了公证词。

案例评析

一、公证要点

1. 公证机构办理新生入学电脑派位现场监督公证，应当确保从摇号规则制定到摇号结束的全部流程都在公证机构的监督范围内，保障活动的真实、公平、透明。支持具备条件的公证机构先期介入申请人资格审查。同时，要会同公证申请人研究制定应对派位现场突发情况的预案。

2. 新生入学电脑派位软件系统应当由公证协会、公证机构提供。暂不具备条件而由教育管理等部门提供的软件系统，公证员应当审查软件著作权，确认不存在侵权情况；应当进行计算机软件安全性、可靠性检测，开展模拟测评，确认算法概率公平；公证机构应当派员对检测过程进行监督，并对软件予以封存。

3. 公证机构应当对教育主管部门提交、已经审核过的参加电脑派位的申请人情况进行再审查，重点审查学校接受新生计划数额与教育管理部门下达的计划数是否一致，以及申请人报名的信息真实准确，是否存在重复报名等违规情形。

4. 公证员可以根据实际需要，在操作电脑派位运行前，向现场代表就前期电脑派位准备工作和公证机构对其审查、监督的情况进行说明。

5. 在电脑派位过程中，公证人员应当监督电脑软硬件设备是否正常运行，每一个步骤是否符合已审查确认的程序，所产生的数据是否属实。公证员应当现场宣读公证词，宣布派位结果。公证机构应当采取适当方式将派位结果予以公示，接受社会监督。

6. 公证机构对于电脑派位原始数据、系统程序和派位过程中产生的资料，应当全部留存附卷备查。

二、案例意义

教育公平是社会公平的重要内容，关系民众切身利益和民生福祉。公证运用沟通、证明、监督的制度优势，参与入学派位工作过程的监督，保证入学派位过程公平、公正、公开透明，能够切实维护入学升学正常秩序，有利于消除社会公众疑虑、维护政府公信力。公证对入学派位过程的监督、规则运用和宣讲，是以案释法、宣传法治的有效方式，也是公证防范风险、服务社会治理创新、公平配置社会资源、促进社会和谐的重要体现。

三、相关法律和政策依据

1. 《中华人民共和国公证法》第十一条；

2. 《公证程序规则》第五十二条。

［司法实务问题研究］

交通事故认定书之法律属性与证据效力

王维永*

人民法院在审理机动车交通事故责任纠纷①案件中，经常接触到公安机关交警部门作出的交通事故认定书②。但由于对这种交通事故认定书的法律属性和证据效力在认识上存在差别，因而在认证和采信上出现失误，以致在一个地区甚至一个法院所办的案件都不一致。本文拟从交通事故认定书的法律属性、证据效力及司法采信标准与要求等方面酌予探讨，以促进该认定书之规范认定。

一、交通事故认定书之法律属性分析

道路交通安全法第七十三条规定："公安机关交通管理部门应当根据交通事故现场勘验、检查、调查情况和有关的检验、鉴定结论，及时制作交通事故认定书，作为处理交通事故的依据。交通事故认定书应当载明交通事故的基本事实、成因和当事人的责任，并送达当事人"。结合公安部公交管〔2008〕号《道路交通事故处理工作规范》的规定，交通事故认定书应具有以下法律属性：

---

* 作者单位：重庆市奉节县人民法院。

① 2011年2月最高人民法院修改《民事案件案由规定》时，将此类侵权责任纠纷改称为机动车交通事故责任纠纷。

② 道路交通安全法施行后，该认定书全称改为交通事故认定书。

1. 交通事故认定书是公安机关交通执法程序正当性的核心证明文件

按照道路交通安全法的要求，公安机关交通管理部门接到交通事故报警后，首先应当立即指派交通警察赶赴现场组织抢救受伤人员，并采取措施尽快恢复交通；对事故现场进行勘查、检查，收集证据，必要时扣留事故车辆以备核查；对当事人的生理、精神状况进行专业性检验或委托专门机构进行鉴定。尔后，根据交通事故现场勘查、检查、调查情况和检验鉴定结论，制作出交通事故认定书，载明交通事故的基本事实、成因和当事人的责任。这表明，一起交通事故发生后，公安交警部门从接警开始，紧急实施一系列职能工作，直到查明案件事实、成因和当事人的责任，并通过交通事故认定书的形式全面记录和反映。由此，交通事故认定书是公安机关在交通执法中的履职记录，是对公安交警部门执法程序正当性起核心证明作用的法律文书。

2. 交通事故认定书是公安机关交警部门处理交通事故的主要法律文书

按照公安部《道路交通事故处理工作规范》规定，交警部门在处理交通事故的各阶段和各个环节，都应当依法制作工作性法律文书。比如：交警指挥中心接到报案通过询问后并作记录，处理警情时应作好记录；肇事车辆已逃逸的，交警部门应发出协查通报或者通缉令；交警在现场勘查中，应当测试事故车辆驾驶员酒精含量，通过照相、摄像、绘图、并制作现场勘查笔录，制作辨认笔录，制作事故车辆检验、鉴定报告，尸体检验报告，伤情鉴定报告；交警在现场调查之日起七日内应向交通事故处理机构负责人提交交通事故调查报告等。上列这些书面文书均属执法中的法律文书，反映各个阶段或各个环节的工作内容。但它们却不具有交通事故认定书所具有的特定法律属性，因为，交通事故认定书对交通事故的认定与处理，具有整体性、终结性和权威性。

2. 交通事故认定书是公安机关交警部门处罚交通事责任人的直接法律依据

《道路交通事故处理工作规范》第七十一条规定："公安机关交通管理部门应当在作出交通事故认定书之日起五日内，按照《道路交通安全违法行为处理程序规定》，依法对当事人的道路交通安全违法行为作出处罚。"按照《道路交通事故处理工作规范》第十一章"处罚执行"的规定，公安机关交警部门对当事人的道路交通安全违法行为作出的处罚，主要是指：（1）扣押当事人机动车驾驶证；（2）当接到人民法院对机动车驾驶人有罪判决书或者证明机动车驾驶人有罪的司法建议函后，作出依法吊销机动车驾驶证的处罚；（3）同时具有逃逸情形的，按照道路交通安全法第一百零一条第二款的规定，作出终身不得重新取得机动车驾驶证的决定；（4）专业运输单位的车辆六个月内两次发生一次死亡三人以上的道路交通事故，且该单位或者车辆驾驶人对事故承担全部责任或者主要责任的，事故发生地的县级公安机关交警部门应当将专业运输单位车辆肇事情况录入全国公安机关交通管理信息系统，并将处理意见转递专业运输单位公安机关交警部门，由其依法处理。因此，交通事故认定书是公安机关处理交通事故的证据，是公安机关对交通事故责任人作出行政处罚的依据，是公安机关对交通事故损害赔偿进行调解的依据。①

二、交通事故认定书之证据效力判断

前面分析交通事故认定书之法律属性，是就制定机关的对内效力而言的。事实上，交通事故认定书作为公安机关认定和处理交通事故的法定法律文件，同样具有对外的法律效力。此种法律效力至少表现为两方面，一是就刑事公诉案件而言，如果交通事故责任人的行为构成犯罪，则该交通事故认定书既是检察机关提起公诉之证据，又是人民法院定罪量刑之证据。二是就民事诉讼而言，凡公安机关交警部门接警受理并按程序办理的交通事故案件，所制作并送达给当事人的交通事故认定书，在未申请交警部门调解或调解无效的情况下，在相关组织协调不成或双方当事人协商不成的状况下，当事人都可以持交通事故认定书诉至法院，主张侵权损害赔偿。据此，交通事故认定书则成为起诉人主张索赔的基本证据，甚至成为人民法院审理机动车交通事故责任纠纷案件的诉辩焦点。笔者这里所要研究的仅限于人民法院在审理机动车交通责任纠纷类民事案件中，交通事故认定书的证据效力判断。这一问题可从两个方面进行研究：

1. 人民法院审理机动车交通事故责任纠纷案件中对待交通事故认定书的基本走势

人民法院在办案实务中，关于对待交通事故认定书的基本走势，主要归纳为两种类型：一是“注重审查型”，即坚持民事证据的审查认定标准，对交通

---

① 付国华、徐海根、杨正东：《高速路上发生涉保险交通事故时的举证责任分配》，载《人民司法·案例》2011年第20期。

事故认定书进行客观性、相关性及合法性审查，主要理由有二：民事诉讼法规定的当事人无须举证证明的事实中并不包括公安机关交警部门提供的交通事故认定书；交警部门所作的交通事故认定书所起的只是证据作用，其本身并不直接产生确定当事人之间权利义务的法律后果。① 正是基于此，目前此类“注重审查型”已成为人民法院对待交通事故认定书之基本类型或基本走势。二是“盲目肯定型”，即不持怀疑地完全肯定交通事故认定书的证据效力。理由是：交通事故认定书是公安机关交警部门依职权作出的对交通事故发生的事实、成因及当事人责任等作出认定的法定文书，具有客观性、技术性和权威性，且法律已明确规定其不具有可诉性，② 当然可以作为民事审判的证据使用。认定书是一项专业性和技术性都很强的工作，要求精通法律却不精通技术的法官对事故责任重新认定是不现实的。③ 此类型虽然并非民事审判之主流，但却由于认证偏差引发案件误判，导致上诉改判或者发回重审，甚至启动再审机制纠错。作为一种司法教训，民事审判法官应当引以为戒。

2. 交通事故认定书证据效力应当如何认识、分析和判断

对于交通事故认定书的证据效力如何认识与判断，至少应当弄清以下二点。

第一，交通事故认定书是否属于法律上所称之证据。民事诉讼法第六章“证据”部分仅对证据的分类、举证原则及证据收集等作了规定，却未能对何谓证据下定义。行政诉讼法第五章“证据”部分同样未对证据定性作出规定。刑事诉讼法第四十二条规定：“证明案件真实情况的一切事实，都是证据”。这表明，一切能够证明案件真实情况的事实，就是证据。从而也表明，证据的基本属性只能是客观性、相关性和合法性。④ 公安机关交警部门所作出的交通事故认定书，执法主体和执法程序，具有合法性；通过现场勘查并借助技术手段，具有客观真实性；揭示案件发生的时间、地点、事故成因与责任人及其车辆，与案件发生之事实具有相关性。因此，该认定书属于证据，而且按照道路交通安全法的规定，属法定证据。

---

① 参见《公检法办案指南》2009年第5辑，中国人民公安大学出版社2009年版，第151～152页。

② 道路交通安全法施行后该认定书不作为具体行政行为纳入行政诉讼受案范围。

③ 参见《西安中院关于交通肇事案件专业调研报告》，载《中国审判》2008年第11期。

④ 曾庆敏主编：《精编法学辞典》，上海辞书出版社2000年版，第515页。

第二，交通事故认定书属于什么类型之证据。若单从民事诉讼法第六十三条的七类证据分类看，交通事故认定书应当属于公文证书。这是因为，该认定书既不同于鉴定结论，也不同于证人证言，更不同于一般书证，具有较高的证明效力。[①] 如果单从《最高人民法院关于民事诉讼证据的若干规定》（以下简称《民事诉讼证据规定》）第二十九条和第三十条的规定看，交通事故认定书是在现场勘查笔录的基础上形成的交通事故的结论性文件，它融交警的专业性与技术性于一体，又属于鉴定结论报告文本。[②] 如果从当事人提起诉讼的“诉”的性质及从人民法院审理案件的类型化看，交通事故认定书则属民事证据之性质。理由是：交通事故认定书是公安机关交通管理部门依据专业技术对交通事故成因的一种技术鉴定，属于一种民事证据。[③] 上列几种分析，笔者认为，来自最高人民法院专家法官的最后一种意见，定性是准确的。按照《民事诉讼证据规定》的界定，无论公文书证还是鉴定结论报告，均属于民事证据，也均属法官应当审查之列。

三、交通事故认定书审查判断之基本原则

由于公安机关交警部门所作出的交通事故认定书，兼具专业性和技术性等特点，因而对交通事故的事实认定、成因分析及事故当事人责任认定都具有其他证明材料不能代替之证明效力，因而成为人民法院审理机动车交通事故责任纠纷中法官审查判断证据的重点和难点。根据笔者的实践经验，结合相关专家学者的理论分析，笔者认为，在审判实践中对交通事故认定书的审查判断，应当把握以下原则。

1. 不与法律冲突原则

不与法律冲突原则，是任何证据之合法性原则的应有之义，是任何证据能被法官采信作为定案依据的首要条件或基本条件。如果某一证明材料本身即与现行法律规定相悖，则当然不具备证据之法律效力。比如：行人朱某于 2008 年 8 月 15 日正在通过城市的人行横道时，被被告杨某驾驶两轮摩托车撞倒，

① 付国华、徐海根、杨正东：《高速路上发生涉保险交通事故时的举证责任分配》，载《人民司法·案例》2011 年第 20 期。

② 参见《西安中院关于交通肇事案件专业调研报告》，载《中国审判》2008 年第 11 期。

③ 李明义：《交通事故损害赔偿案件审判实务研究》，载《法律适用》2010 年第 7 期。

抢救无效死亡。公安机关交警部门经过现场勘查，作出交通事故认定书，认定被告杨某与死者朱某对交通事故负同等责任。该案诉至人民法院后，由于合议庭意见分歧，提请审判委员会讨论。经审判委员会讨论统一意见认为：被告杨某在临近人行横道时，理应遵守交通规则停车避让，却急速抢道行驶，从而撞倒行人朱某致其抢救无效死亡，故被告杨某应承担全部责任，因而交通事故认定书认定同等责任，属于责任认定错误，不能作为本案裁判依据。[①] 笔者认为，该院审判委员会的讨论决定是正确的。这是因为：城市街道设立的人行横道，人们称之为"斑马线"，其作用在于警示过往车辆注意避让，因而"斑马线"被公众称之为行人的安全线和车辆的避让线。[②] 本案被告杨某不但违反"斑马线规则"，而且直接违反道路交通安全法第四十七条关于"机动车行经人行横道时，应当减速行驶，遇行人正在通过人行横道时，应当停车避让"的规定，该认定书直接违反法律规定，当然不应采信为定案证据。

2. 程序正当性原则

司法程序是一条司法正义的生产线。[③] 公安机关交警部门作出的交通事故认定书，正如前所述，应当按照道路交通安全法第七十三条的规定程序制作，并应按《道路交通事故处理工作规范》规定的特定程序制作。这些法律程序，是保证交通事故认定书能够正确产生的程序规范和操作要求，一旦程序不到位，则交通事故认定书所认定的事故事实及成因分析抑或责任人的责任认定就可能走样，如同生产线上凡操作违规，即可能产生瑕疵产品或者劣质产品。就交通事故认定书的产生过程看，必须是交警亲临事故现场，完成了现场勘查、检查、调查情况和相关检验、鉴定结论之后，方能制作交通事故认定书，严格而忠实地体现交通事故处置的专业性和技术性特色，任何的走捷径或者偷工减料甚至想当然作出交通事故认定书，一般法官都可以从各阶段操作时间的推算分析出交通事故认定处理的程序瑕疵。必要时，法官还可以走访出过现场的交警及相关技术部门，去伪存真，查明程序操作是否正当合法。

① 参见重庆市奉节县人民法院（2010）第777号民事判决书。

② 王维永：《斑马线上车撞人的责任认定问题》，载《民事法律文件解读》2010年第9集，人民法院出版社2010年版。

③ 蒋惠岭：《司法程序观》，载《人民法院报》2003年10月23日。

3. 依法质证原则

庭审中对于存疑之证据，有经验的法官往往认真组织庭审中的证据对抗，借当事人之间的质证辩论澄清疑点，以丰富自己对存疑证据的判断认定。从当前各地法院审理交通事故责任纠纷的情况看，由于该类案件涉及较多专业性、技术性问题，因而案情较一般侵权纠纷复杂，且索赔金额大，保险理赔认定棘手，有的法院还聘请专家辅助证人出庭解疑。所以，法官要利用好庭审有利条件，组织好庭审中的证据对抗，引导当事人充分质证辩论，注重从本证与反证的对衡中发现问题，从指控与反驳的论辩中求证真伪，从整个事故现场的资料到交通事故认定书的表述与结论中寻找疑点，从而将质证辩论的过程变为法官释疑解惑的心证形成过程，保证交通事故认定书的采信建立在客观、真实、合法的基础之上。

我国夫妻间男性生育权的现状及保护需求

罗春阳*

内容摘要： 生育权是一项基本人权，是自然人基于繁衍子嗣而享有的生育利益，属于人格权范畴。由于生育过程的特殊性，生育的实现除了需要夫妻男女双方的共同行为，女性在生育过程中更扮演着特殊角色，使男性生育权的实现产生依赖性。而我国法律只保护了夫妻关系中女性的生育权，本文从生育权的概念、性质、特征出发，探析了男女双方生育权的平等性、男性生育权实现的依赖性，从而说明男性生育权的弱势地位以及保护的必要性。

关键字： 男性生育权　保护

* 作者单位：贵州大学法学院。

一、生育权的概念

生育是伴随着生命现象的出现而产生的，是人类繁衍后代并发展进化的基础，也是亲属关系产生和社会发展的基础。从字面含义看，生育包括两部分的内容：生，生殖[①]；育，抚育。费孝通先生在其《生育制度》一书中把生育分为结婚、生殖和抚育。可以看出，费孝通先生认为生育的基础是两性的婚姻关系，通过结婚，完成两性的结合，再通过生殖和抚育便完成了生育，同时实现人类子嗣延绵，完成对社会的调节作用。基于生育的基本内容，国内对生育权的定义是，自然人拥有的依法决定是否生育子女以及如何生育子女的一种资格或自由，包括生育的自由、不生育的自由和选择生育方式的自由。[②]

生育权作为一项权利是人类社会发展到后期，随着女权主义运动的发展才逐渐发展传播起来的。在农耕文明时期，尤其是我国传统的古代社会，人力是社会经济发展的主要推动力，人口越多，劳动力就越充足，抵抗自然灾害的能力也就越高。此时家庭人口数量也是家族兴旺发达的标志，生育成为了古代妇女的一种义务。人类社会进入到工业文明后，随着科学技术的发展，社会生产力大幅提高，人口数量也获得了前所未有的增长，家庭、社会的发展对人口数量的依赖性减弱，同时随着西方女权主义运动的发展，妇女的独立性地位日益提高，生育由义务演变为一种权利。生育权概念第一次提出是1968年联合国国际人权会议通过的《德黑兰宣言》：“父母享有自由负责决定子女人数及其出生时距之基本人权。”我国也在1992年第一次在立法中规定了生育权，妇女权益保护法第五十一条第一款规定：“妇女有按照国家有关规定生育子女的权利，也有不生育的自由。”

二、生育权的具体性质和内容

作为人类后期才发展起来的一项权利，从生育权的内容和特点看，其无疑属于人身权，生育权是自然人基于繁衍后代的生育利益而享有的权利，属于人

---

① 生物学上将生殖分为有性生殖和无性生殖。前者基于传统的两性结合，而后者基于克隆等生物工程技术。由于现代社会克隆技术并没有用于人的繁衍，无性生殖还不具有法律意义，故本文是在有性生殖的基础上谈论生育。

② 最高人民法院民事审判第一庭：《最高人民法院婚姻法司法解释（三）理解与适用》，人民法院出版社2011年版，第149页。

身权的范畴。[①] 但人身权包括人格权和身份权，对生育权具体属于哪一种人身权，至今存在着争议。主要有：身份权说、人格权说、折中说。身份权说认为，生育权属于夫妻身份权的范畴，是基于婚姻关系的男女双方特定身份产生。人格权说认为，生育权是体现自然法则、人类理性和道德的一项权利，是人固有属性的一种体现，是基于人的人格享有的一种权利。折中说则认为，生育权既是人格权又是身份权。

笔者认为，人格权说更符合现代生育权的本质，首先，人格权是民事主体的固有权利，伴随着民事主体从出生到死亡的产生与消亡。与其他人格权不同，由于生育的特殊性，只有特定的年龄阶段才有可能实现生育，但这只是权利实现方式上的特殊性，不能否定生育权的人格属性。其次，生育权并非基于特定身份才产生。《世界人口会议行动计划》将生育权的主体定义为“个人和夫妇”，我国人口与计划生育法同样是规定，“公民有生育的权利”。可见，随着生育权内涵的不断发展，现代社会生育权的主体并非是“父母”，而是“公民”。另外，随着社会的发展，无配偶者、LGBT 群体[②]的数量逐渐增多，只有将生育权定义为人格权才更能保护这些特殊群体的利益。只不过在当代中国社会，为了保护公序良俗的需要，生育权的主体主要是夫妻双方。

我国法律规定的生育权是指公民享有生育子女及获得与此相关的信息和服务的权利。具体包括以下内容：（1）决定生育子女的时间、数量和间隔的权利；（2）公民有生育的权利，也有不生育的自由；（3）在生育权问题上夫妻之间享有平等的权利；（4）生殖健康权。

三、男性生育权的实现与保障

生育权作为一种人格权，其最显著的特征是，不同于其他人格权，生育权的实现需要男女双方的共同作用。生育的前提，是卵细胞与精子的结合，而这正是需要男女双方“各司其职”才能实现。所以生育权的实现具有特殊性。

而由于女性在生育过程中扮演重要作用，比如受孕、胚胎发育、分娩以及

① 陈玉玲：《论生育权的权利属性及其侵权责任》，载《法治论丛》第 24 卷第 6 期，第 20 页。

② LGBT 是女同性恋者（Lesbians）、男同性恋者（Gays）、双性恋者（Bisexuals）与跨性别者（Transgender）的英文首字母缩略字。

婴幼儿的哺乳方面都是由妇女完成，使得一般人总会认为只有女性才有典型的生育权，这也是认为女性主要享有生育权的学者所持的依据。如有学者认为基于权利义务相一致原则，女性承担了更多的义务，则应该在生育方面享有更多的权利。① 我国妇女权益保护法中规定“妇女”有生育的自由。有观点据此认为，我国法律所确认的生育权主体为妇女。但是应当从立法目的出发，妇女权益保护法是1992年出台的，当时男女地位不平等的现象仍然很严重，为了突出保护妇女的权利才只规定了“妇女”生育的自由。从上述对生育权性质和内容的探讨来看，生育权是公民享有的人格权，所以，其权利主体为自然人，而不问其性别。由宪法规定的男女平等原则可知，男女双方尤其是夫妻双方的生育权应该平等保护。从理论上说，生育是男女双方的共同行为，不可能依靠单方实现，因此，一方不能强迫另一方实现这个权利，这个权利应当是以双方协商为基础的，两个人共同的意愿才能实现。但是，在婚姻关系中，基于两性不同的生理条件，使得男性的生育权更多地依赖于女性实现，尤其是女性在妊娠后，便对整个生育过程享有支配权。这时，当夫妻双方不能就生育达成一致共识而产生矛盾时，男性无疑处于劣势地位。

应当注意的是，在生育过程中，女性不光只享有生育权（终止妊娠的权利），还涉及身体支配自由、隐私权等权益，所以当夫妻双方生育权发生冲突的时候，对女性的保护显得尤为重要。但是一味地保护女性的权利，则男性的生育权便无法保障。

对于夫妻间的生育问题的纠纷解决，《最高人民法院关于适用〈中华人民共和国婚姻法〉若干问题的解释（三）》第九条规定：“夫以妻擅自中止妊娠侵犯其生育权为由请求损害赔偿的，人民法院不予支持；夫妻双方因是否生育发生纠纷，致使感情确已破裂，一方请求离婚的，人民法院经调解无效，应依照婚姻法第三十二条第三款第（五）项的规定处理。”根据该条规定，否定了夫妻间丈夫基于生育权向女方请求赔偿的权利，另一方面司法解释也给了一个解决途径——离婚。

现实家庭生活中，许多女性基于自身的考量，或是悄悄采取避孕措施，或是瞒着丈夫堕胎，使男性的生育权受到侵害。如前所述，夫妻间有关生育的问

① 马强：《论生育权——以侵害生育权的民法保护为中心》，载《政治与法律》2013年第6期。

题，应当平等协商共同实现。但是，对于妊娠后妻子擅自堕胎的行为，现行法律没有给丈夫请求损害赔偿的权利，无救济则无权利。不可否认，在生育这一问题上，女性除涉及生育权外，还涉及身体支配自由、隐私权等问题，另外，妇女在生育上也承担了更多的义务，所以当男女生育权的实现发生冲突的时候，自然应当保护女性的权利。但这只是侧重于保护女性的权利，而不应该是对男女两性生育权“舍我其谁”的选择。司法解释将此种问题以离婚作为解决办法，但是，在夫妻关系内部，男性生育权遭到损害时，离婚并不是救济途径，也不具备填补损害的作用。生育权作为人格权，对于男性的生育权的损害，应当支持男性请求适当的精神损害赔偿，从而在一定意义上保障男性的生育权。

四、结语

夫妻双方都是各自独立且平等的民事主体，婚姻的存续和生育问题应以互相尊重对方的自由意志和有利于自身发展为前提。一方面，为了家庭生活的和谐幸福，双方应互相协商，在生育问题上保持一致意见；另一方面，在对生育子女的问题存在矛盾意见时，双方可以选择结束婚姻关系保障自己权利的实现，如果存在侵权行为，则应该承担赔偿责任。所以，目前男女在生育权上实际是不平等的，应该完善有关立法，实现法律对男性生育权的实质救济，实现实质上的平等。

[《民法总则》条文理解与适用]

第八条 民事主体从事民事活动，不得违反法律，不得违背公序良俗。

【条文对照】

民法通则第六条 民事活动必须遵守法律，法律没有规定的，应当遵守国家政策。

第七条 民事活动应当尊重社会公德，不得损害社会公共利益，扰乱社会经济秩序。

【条文主旨】

本条是关于守法和公序良俗原则的规定。

【条文理解】

一、守法和公序良俗原则的概念

守法和公序良俗原则包含了守法原则和公序良俗原则两项内容。

（一）守法原则

民事主体从事民事活动不得违反法律规定。在立法前期，该条草案是沿用民法通则第6条前半款，从正面规定了民事活动应当遵守法律。有观点提出，在私法领域，法无禁止即自由。民事活动遵循法无禁止即可为的规则，不宜规定从事民事活动“应当遵守法律”，建议修改为“不得违反法律”。从禁止性规范的角度规定守法原则的表述被最终采纳。这里的法律宜做广义理解，包括法律与行政法规。首先，民事法律行为的内容必须合法。例如，订立违法购买京籍户口指标的合同属无效合同。结合民法总则第153条第1款的规定，违反法律、行政法规的强制性规定的民事法律行为无效，但是该强制性规定不导致该民事法律行为无效的除外。这里，民事主体从事民事活动不得违反法律，是指不得违反法律、行政法规的强制性规定，违反法律、行政法规中非效力性强制性规定的，不导致民事法律行为的无效。其次，民事主体的法律行为在形式上也要遵守法律。例如，法律规定民事活动应当采用书面形式的，应当采用书面形式。

（二）公序良俗原则

该原则包括公共秩序（社会公共秩序和生活秩序）和善良风俗（社会公

共道德，由全体社会成员所普遍认可、遵循的道德准则）。[①] 在民法总则之前，我国的法律并未明确采用公序良俗的概念，而是在民法通则第7条规定，“民事活动应当尊重社会公德，不得损害社会公共利益，扰乱社会经济秩序。”合同法第7条进一步具体规定，“当事人订立、履行合同，应当遵守法律、行政法规，尊重社会公德，不得扰乱社会经济秩序，损害社会公共利益。”不少学者认为，所谓社会公共利益和社会公共道德，就相当于国外民法中的公序良俗的概念[②]。

二、公序良俗原则的发展沿革

公序良俗的概念起源于罗马法。按照罗马法学家的观点，所谓公序即国家的安全、人民的根本利益；所谓良俗是指人民的一般道德准则，这两个概念的含义非常广泛，而且随着社会的发展其内涵不断变化。《法国民法典》第6条规定，“任何人均不得以特别约定违反涉及公共秩序和善良风俗的法律。”当时制定法国民法，把公序良俗原则作为对契约自由原则的例外的限制。但在近代，公序良俗原则已经成为支配私法领域的基本原则，关于民事权利的行使、民事义务的履行，也在公序良俗原则范围之内。在法国法中，所谓公共秩序，实际上就是一种公共利益。按照法国学者的解释，公共秩序是一种强制性规范，是当事人意志自由的对立物。虽然宪法、行政法等公法是公共秩序的重要渊源，但公共秩序的许多规则也来源于私法。公共秩序的本质在于反映和保护国家的根本利益[③]。所谓善良风俗，实际是指社会道德。违反公序良俗而无效的合同主要包括：违反性道德的合同、赌博合同以及限制人身自由、违背家庭伦理道德等合同都将被宣告无效。《德国民法典》第138条确认了善良风俗的概念，但并没有采纳公共秩序的概念。在《德国民法典》第一稿中曾将公共秩序和善良风俗都作出了规定，但在第二稿中又删除了公共秩序的概念，删除的理由在于公共秩序主要是一个国际私法的概念，而且善良风俗的概念能够涵盖公共秩序的含义。在德国法中，善良风俗原则也是对私法自治的一种限制。从《德国民法典》第138条规定的本义来看，善良风俗实际上旨在维护一种道德规范。例如，借腹生子合同属于违背善良风俗应认定无效。日本民法采纳了公序良俗，并重点运用该原则对法律行为进行调整。日本学者我妻荣先生曾

① 王利明：《民法总论》，中国人民大学出版社2013年版，第57~58页。

② 李双元、温世扬主编：《比较民法学》，武汉大学出版社2016年版，第67页；梁慧星主编：《民商法论丛》第1卷，法律出版社1994年版，第49页。

③ 尹田：《法国现代合同法》，法律出版社2009年版，第13页。

经将违反公序良俗的行为分为七种类型，即违反人伦的行为，违反正义观念的行为，乘他人窘迫、无经验获取不当利益的行为，极度限制个人自由的行为，限制营业自由的行为，处分生存基础财产的行为，显著的射幸行为①。我国台湾地区“民法”第72条规定，“法律行为有悖于公共秩序或善良风俗者无效。”史尚宽先生认为，公序良俗，是维持吾人社会的共同生活应遵守的一般规范。以公序良俗的观念限制法律行为的内容，为罗马法以来所公认②。

三、守法和公序良俗原则的功能和意义

我国民法总则共有四处使用了公序良俗的概念，其一是该条的公序良俗原则。其二是第10条对于法源的规定，适用习惯不得违背公序良俗。其三是第143条民事法律行为的有效要件之一为不得违背公序良俗。其四是第153条第2款，违背公序良俗的法律行为无效。公序良俗原则的功能主要包括对于习惯的调控、判断法律行为的法律效力。③ 采纳公序良俗原则的意义在于，对私法自治进行必要限制、弘扬社会公共道德，建立稳定的社会秩序，协调个人利益与社会公共利益和弥补强行法的不足。④

公序良俗原则和诚实信用原则之间的关系。两者有着密切的联系，都要求遵守社会主义法律和道德规范。区别在于，在适用范围上，诚实信用原则主要适用于财产关系，特别是商品交换关系，强调在交易活动中恪守信用、讲究诚实。而公序良俗原则主要适用于民事法律行为领域，同时也普遍适用于各种民事关系。在原则内容上，公序良俗原则比诚实信用原则更加具体、明确，而诚信原则更具有弹性，给予法官更大的自由裁量权。

【审判实践中应注意的问题】

公序良俗的概念比较抽象。此前，在我国现行有效的法律行政法规中并未出现过公序良俗的用语。公序良俗原则实际上赋予法官一定的自由裁量权，“公序良俗的调整机能由确保社会正义和伦理秩序向调节当事人之间的利益关系、确保市场交易的公正性转变，从而使法院不仅从行为本身、而且结合行为的有关情势综合判断其是否具有反公序良俗性。⑤”审判实践中是否能对违反公序良俗的行为进行类型化？进行类型化确实有助于法官在实践中对违反公序

① 梁慧星主编：《民商法论丛》第1卷，法律出版社1999年版，第47页。
② 史尚宽：《民法总论》，中国政法大学出版社2000年版，第40页。
③ 梁慧星等：《中国民法典草案建议稿附理由：总则编》，法律出版社2013年版，第21页。
④ 王利明：《民法总则研究》（第二版），中国政法大学出版社2003年版，第132～133页。
⑤ 李双元、温世扬主编：《比较民法学》，武汉大学出版社2016年版，第70页。

良俗的行为进行准确判断和认定。但必须承认，公序良俗的类型十分复杂，且其内涵是不断发展的。正如梅仲协所指出的，“至善良风俗一语，其意义殊难确定。因时代之推移，与文明之发展，随时随地，变更其内容。是故何者得视为善良风俗，应就整个民族之意志决之，初不能拘于某一特殊情形也。举例言之，就自己应为之事，而要求相对人给予报酬之契约，又或约定终身不为嫁娶，或为非婚姻上同居，而给予以金钱之契约，均属有背善良风俗，其契约应为无效。①”《德国民法典》施行后，1901年最高法院判决，关于是否违反善良风俗，由法官“按照正当且公平的一切人的道义感”规则来判断。由于这一判断基准的确立，使善良风俗概念具备了适应社会变化的极大弹性，成为依法官裁量无论什么内容均可装进去的“黑洞”②。

公序良俗作为一个弹性条款，不仅是规范法律行为的准则，也是适用于整个民法的基本原则。公序良俗是配合各种具体的法律规则对民事活动起调控作用。正如曾世雄先生所指出的：“作为或不作为脱序，而强行法又苦无强制或禁止规定可用时，公序良俗的规定，方始发生补充之功能。……但公序良俗并非当然适用，唯在法律明文揭示适用下，始见功能，因而其为法源之特质已被法律规定吸收，因致常被忽略。③”需要注意的是，公序良俗原则性质上属于授权性规定，目的是在遇有损害国家利益、社会公共利益和道德秩序的行为，而又缺乏相应的禁止性法律规定时，法院可以直接适用公序良俗原则判定该行为无效。

审判实践中，违背社会公序良俗的借贷合同无效。法官在判定民间借贷合同效力是否违背公序良俗时负有司法审查的义务。当然，人民法院直接依据公序良俗原则进行裁判时应审慎适用，不宜做不合法律的扩大解释。目前，有学者参考国外判例学说，将违反公序良俗的行为类型化为10种，具有较强的参考价值，简列如下：（1）危害国家公序型，比如以从事犯罪或者帮助犯罪行为为内容的合同；（2）危害家庭关系型，比如约定断绝亲子关系的协议；（3）违反道德型，如开设妓院的合同，实践中以性行为为对价获得借款的情形；（4）射幸行为型，如赌博，巨奖销售变相赌博等；（5）违反人权和人格尊严行为型，比如过分限制人身自由换取借款的情形；（6）限制经济自由型，比

① 梅仲协：《民法要义》，中国政法大学出版社2004年版，第119页。

② 梁慧星主编：《民商法论丛》第1卷，中国政法大学出版社2004年版，第47页。

③ 曾世雄：《民法总则之现在与未来》，中国政法大学出版社2001年版，第28页。

如利用互相借款扩大资金实力以分割市场、封锁市场的协议；（7）违反公平竞争型；（8）违反消费者保护型；（9）违反劳动者保护型；（10）暴利行为型。[①] 上述类型基本概括了民事审判活动中遇到的违反公序良俗原则的类型，可供参考。在实际审判中遇到其他情况，得依具体情况加以判断。

第九条 民事主体从事民事活动，应当有利于节约资源、保护生态环境。

【条文主旨】

本条是关于绿色原则的规定。

【条文理解】

人类社会正在经历由工业文明向生态文明、由资源经济向知识经济、由非持续发展向可持续发展的“三重转变”，民法典作为市场经济条件下资源配置的基本规则和公民权利宣言，其基本理念以及资源归属、权利配置的制度安排和实施都将直接对环境资源产生重大影响。绿色原则的提出，是民法典回应环境问题挑战的一个鲜明标志，也是中国制定面向生态文明新世纪的民法典的应有态度。

现代民法对近代民法的一些基本原则进行了限制和修正，“从私的所有到私的所有的社会制约”，是现代民法从权利本位向社会本位过渡的表征之一。此种对所有权绝对的限制，通常是基于社会整体利益的考虑，如基于资源的有效利用、通过城市规划而对土地所有权的限制，基于环境保护、生态平衡的保护而对所有物使用的限制；基于资源的有效开发而对土地地下利用权的限制等。[②] 上述限制的相当内容都是民法对环境问题的回应，反映了民法的绿色化、生态化过程。就民法文本内容的发展而言，无论是德国、瑞士、荷兰民法典的修订，还是新制定的乌克兰、越南民法典，都显著增加了有关环境保护的内容，并从协调人与自然关系的角度扩展了传统民事权利内涵、规范了其边界。

绿色原则的确立，在民法典中引入可持续发展理念，承认环境资源的生态价值、人格利益属性，确立特殊侵权行为规则，为建立专门的环境资源准物权制度、环境合同制度、环境人格权制度以及环境侵权行为制度留下空间；同

① 杜万华主编：《最高人民法院民间借贷司法解释理解与适用》，人民法院出版社2015年版。

② 尹田：《民法典总则之理论与立法研究》，法律出版社2010年版，第126页。

时，提供对传统权利进行有利于环境保护解释的一般性条款，为民法和专门环境立法建立沟通与协调的基础与管道。[①] 其实质是顺应21世纪信息化、大数据、高科技、知识经济的发展要求，适应经济全球化、资源环境逐渐恶化以及风险社会的时代特征，回应当前人民群众对清新空气、干净饮水、安全食品、优质环境的迫切需求，实践绿色发展理念，促进生态文明建设，促进人与自然和谐共处，实现代际公平。

正如拉伦茨指出，“整个法秩序（或其大部分）都受特定指导性法律思想、原则或一般价值标准的支配。”[②] 作为民法基本原则之一，绿色原则同样是民法价值观念和价值取向高度抽象的表达，用以揭示民法的实质精神和指导民事立法、司法以及作为解释法律的依据和补充法律漏洞的基础。民法典编纂的“绿色化”是一个系统工程，涉及价值理念的生态化、基本原则的绿色化、民事主体的适当扩张、权利体系的拓展和环境权利救济的私法体系构造等多方面的问题。而绿色原则在民法具体制度中的体现，主要有以下方面：

1. 民法调整对象中就埋伏着绿色问题。[③] 作为民法调整对象的“人”与“财”两个要素的对立，是人与资源关系高度紧张困境的反映，民法应通过自身各种制度，承认资源的稀缺性、耗竭性，缓解两大要素之间的紧张，促进人与自然和谐共处，实现可持续发展。

2. 民事诉讼法、环境保护法规定的环境民事公益诉讼主体的社会组织，包括社会团体、民办非企业单位、基金会三种类型，民法通则规定的公民、法人两类民事主体难以涵盖，社会组织的诉讼主体资格在实体法的层面缺乏法律依据，这一问题在民法总则第三章第三节非营利法人一节得以解决。此外，作为对绝对的“人类中心主义”的修正，尽管现有民法总则尚未对动物、植物的主体资格作出规定，但在侵权行为法等领域可适当地承认某些动物享有特殊权益。例如，某些动物、植物享有获得生存条件的权利、享有损害赔偿请求权等。[④] 对此，《德国民法典》第90a条“动物不是物”以及第903条“动物的所有人在行使其权限时，应遵从关于动物保护的特别规定”等条文，可为参考。

3. 作为民事法律关系客体的环境资源，具有经济和生态双重价值。环境

---

① 吕忠梅：《绿色民法典：环境问题的应对之路》，载《法商研究》2003年第6期。

② ［德］卡尔·拉伦茨：《法学方法论》，陈爱娥译，五南图书出版有限公司1999年版，第255页。

③ 徐国栋：《认真透析〈绿色民法典草案〉中的“绿”》，载《法商研究》2003年第6期。

④ 崔建远：《自然哲学观与准物权乃至民法的命运》，载《法商研究》2003年第6期。

资源作为人类生存和发展的物质条件，其经济价值毋庸置疑。同时，清洁的水、空气、宁静和阳光等环境资源的生态价值也日益凸显。衡平上述两种价值的利益关系，是将环境资源纳入民法尤其物权以及合同制度之中，建立相应交易和保护机制的基础。

4. 物权法上的准物权制度以及相邻关系制度，其设置目的均是为了“物尽其用”，使社会财富得到充分利用。目前，各国民法中相邻权制度也在向着有利于环境保护的方向发展，如大陆法系国家的“不可量物侵害”制度，英美法系国家的“法定妨扰”制度，均可借鉴，从传统的相邻权制度中发展出独立的环境保护相邻权。

5. 从民事责任的角度来看，环境保护法没有直接规定环境污染损害赔偿制度，而是运用转致的立法技术，将其交由侵权责任法解决，但环境损害不同于一般的人身、财产损害，保护预防为先、修复为主的要求也决定侵权行为人首先要承担预防性责任和修复性责任，具体而言，污染清理费用、环境恢复费用、环境生态修复期间服务功能损失等损害赔偿费用的计算方法具有独特要求，应根据实践积极探索、创新环境损害责任方式。

【审判实践中应注意的问题】

绿色原则作为民法总则明文规定的基本原则之一，不仅应为民事主体从事民事活动所遵循，司法实践中进行法律适用、法律解释、法律漏洞填补以及在利益冲突时的价值判断和选择，也应充分考量，用以指导审判。

环境资源纠纷案件具有公益和私益交织的特点，绿色原则所体现的可持续发展理念，恰为将公法支配和公法义务纳入民事权利体系，在环境权益的公益性和民事权利的私益性之间寻求协调和沟通提供了路径和方法。尤其在矿产资源等自然资源开发利用及流转纠纷案件中，因矿产资源勘察开采本身所具有的不可避免的环境负外部性，使得资源开发利用、经济发展和资源节约、生态环境保护的矛盾尤为突出。人民法院在审理此类案件中，特别是重点生态功能区、生态环境敏感区和脆弱区以及自然保护区、风景名胜区等特殊区域内开发利用自然资源引发的相关案件时，应当依法妥当衡量合同生效的客体依托要件，不能仅局限于当事人合同目的的实现，还应将保护生态环境和自然资源作为重要因素综合考量，正确处理好生态环境保护与资源开发利用之间的关系，维护环境公共利益。

【案例链接】

新疆临钢资源投资股份有限公司与四川金核矿业有限公司特殊区域合作勘

查合同纠纷案

【基本案情】

2011年10月10日，临钢公司与金核公司签订《合作勘查开发协议》，约定：临钢公司补偿金核公司3500万元后，双方共同设立项目公司，并在符合条件时将金核公司探矿权过户至项目公司名下。2011年10月25日，临钢公司向金核公司实际支付3500万元。2013年11月22日，临钢公司以合作勘查作业区位于新疆塔什库尔干野生动物自然保护区为由通知解除合同，金核公司回函拒绝。金核公司提起诉讼，请求确认临钢公司解除合同行为无效；临钢公司反诉请求解除《合作勘查开发协议》，金核公司返还合作补偿款3500万元并赔偿损失。

【裁判摘要】

新疆维吾尔自治区高级人民法院一审判决临钢公司解除合同行为无效，双方继续履行《合作勘查开发协议》，驳回临钢公司的反诉请求。最高人民法院二审认为，案涉探矿权位于新疆塔什库尔干野生动物自然保护区范围内，该自然保护区设立在先，金核公司的探矿权取得在后，基于《合作勘查开发协议》约定，双方当事人均知道或者应当知道在自然保护区内不允许进行矿产资源的勘探和开发。该协议违反了《中华人民共和国自然保护区条例》的禁止性规定，如果认定协议有效并继续履行，将对自然环境和生态造成严重破坏，损害环境公共利益。故协议依法应属无效，金核公司收取的3500万元合作补偿款应予返还。临钢公司主张的损失，部分由金核公司折价补偿，部分由临钢公司自行承担或者在项目公司清算时另行解决。二审法院判决撤销一审判决，予以改判。

第十条 处理民事纠纷，应当依照法律；法律没有规定的，可以适用习惯，但是不得违背公序良俗。

【条文对照】

民法通则第六条 民事活动必须遵守法律，法律没有规定的，应当遵守国家政策。

【条文主旨】

本条是关于民法的法源的规定。

【条文理解】

民法的法源，通说认为是指作为私法的普通法的实质意义民法的存在形式。[①] 有学者分析了民法的法源在大陆法系和英美法系的不同，指出在大陆法系，民法的法源主要有：制定法、习惯法，其他渊源：学理、条理等，英美法系的法律渊源主要是判例法，同时也承认制定法的法律渊源地位。[②] 有学者分析了大陆法系民法渊源的两种不同主张：一是一元制，即只承认制定法，二是多元制，即除制定法外，还有习惯、判例、法理等。并指出立法者选择何种主张基于对以下两个问题的答案：一是是否承认制定法的局限性；二是立法权与司法权是否要严格区分。[③]

关于我国民法的法源，通说依民法通则第 6 条规定，“民事活动必须遵守法律，法律没有规定的，应当遵守国家政策。”对此，有学者认为，我国民法的法源包括：民法通则，全国人大或人大常委会制定的单行法和特别法，国务院及其所属各部委局的条例、决定、规定，立法解释，司法解释，判例，民事政策。[④] 有学者认为，我国民法法源包括：制定法，国家政策等。[⑤] 也有学者认为包括：法律（其中含有民法通则、民事单行法、行政法律中的民法规范），行政法规，有权解释，习惯法，判例法，法理，学说。[⑥] 从国外立法例来看，《瑞士民法典》第 1 条规定，“凡依本法文字或释义有相应规定的任何法律问题，一律适用本法。无法从本法得出相应规定时，法官应依据习惯法裁判；如无习惯法时，依据自己如作为立法者应提出的规则裁判。在前一款的情况下，法官应依据公认的学理和惯例。”我国台湾地区“民法典”第 1 条、第 2 条规定，“民事，法律所未规定者，依习惯；无习惯者，依法理。”“民事所适用之习惯，以不背于公共秩序或善良风俗者为限。”从学者观点和国外立法看，民法的渊源最多包括法律、习惯法、判例、法理、学说。民法总则在起草过程中对民法的渊源问题进行过反复的研究和论证，最终规定了法律和习惯，删除了国家政策。

---

① 梁慧星：《民法总论》，法律出版社 2001 年版，第 25 页。

② 龙卫球：《民法总论》，中国法制出版社 2001 年版，第 30 ~ 38 页。

③ 徐国栋：《论民法的渊源》，载《法商研究》1994 年第 6 期。

④ 王利明、郭明瑞、方流芳：《民法新论》（上），中国政法大学出版社 1987 年版，第 38 ~ 46 页。

⑤ 龙卫球：《民法总论》，中国法制出版社 2001 年版，第 38 ~ 41 页。

⑥ 梁慧星：《民法总论》，法律出版社 2001 年版，第 26 ~ 30 页。

一、法律

民法总则第10条规定的“法律”，从广义上理解是指依照立法法规定享有立法权的国家机关制定的法律规范的总称。狭义的法律专指享有国家立法权的全国人大及其常委会制定的法律、立法解释。作为民法的渊源，根据立法法第7条第2款规定，“全国人民代表大会制定和修改刑事、民事、国家机构的和其他的基本法律。”第8条第8项规定“民事基本制度”只能制定法律规定，应当为狭义的法律，即属于国家制定的法律，原则上不包括法律之外的其他规范性法律文件。作为民事制度的法律，一般限于民事法律，但不排除刑事、行政法律通过民事法律中所设置的“管道”而成为民法的渊源，[①] 如民法通则第55条第3项、第58条第5项，合同法第52条第5项，民法总则第143条第3项、第153条第1款所规定的“法律”，既包括民事法律，也包括刑事、行政法律。对于法律之外的其他依立法法规定有关国家机关创制的规范性法律文件，在特殊情形下也可以成为民法的法源。2009年《最高人民法院关于裁判文书引用法律、法规等规范性法律文件的规定》在一定程度上扩展了民事法律渊源的范围，第4条规定，“民事裁判文书应当引用法律、法律解释或者司法解释。对于应当适用的行政法规、地方性法规或者自治条例和单行条例，可以直接引用。”一是明确行政法规、地方性法规或者自治条例和单行条例，可以作为民事案件裁判的法律依据，二是人民法院引用行政法规、地方性法规或者自治条例和单行条例条文作为民事裁判的法律依据，前提条件是“应当适用”，即隐含了法官适用法律的审查和判断，但如何适用法律，人民法院应当结合案件情况，并根据有关法律规定进行。[②]

（一）民事法律

民事法律中，1986年的民法通则长期以来处于民法体系的指导和核心地位。一系列民商事单行法，如婚姻法、继承法、合同法、担保法、农村土地承包合同法、物权法、劳动合同法、侵权责任法、公司法、票据法、信托法、证券法、专利法、著作权法、商标法等，均是重要的民事单行法共同构造起民事法律体系主要内容。

（二）公法中的民事规范

行政法中有许多涉及民事事项的规范，如土地管理法、环境保护法、反不

① 姚辉、梁展欣：《民法总则中的法源及其类型》，载《法律适用》2016年第7期。

② 吴兆祥：《〈关于裁判文书引用法律、法规等规范性法律文件的规定〉的理解与适用》，载《人民司法·应用》2009年第23期。

正当竞争法、反垄断法、安全生产法、建筑法、文物法、草原法、矿产资源法、森林法、水法等。刑事法律中也有一些民事规范，如刑法中规定的刑事附带民事责任的规定。尤其是长期争议的合同法第52条第5项规定的法律是否包括刑事法律，构成合同犯罪的，是否一定在民事上也为无效问题。社会法中也有一些涉及民事事项的规定，如社会保险法等。

（三）行政法规

根据立法法第7条、第8条的规定，民事基本制度属于制定法律的范畴。但按照立法法的规定，两类行政法规可以对民事法律关系进行规定，按照立法法第65条规定，“行政法规可以就下列事项作出规定：（一）为执行法律的规定需要制定行政法规的事项；（二）宪法第八十九条规定的国务院行政管理职权的事项。应当由全国人民代表大会及其常务委员会制定法律的事项，国务院根据全国人民代表大会及其常务委员会的授权决定先制定的行政法规，经过实践检验，制定法律的条件成熟时，国务院应当及时提请全国人民代表大会及其常务委员会制定法律”。所以，作为民法法源的行政法规，一是国务院为执行民事法律而制定的行政法规。此类行政法规是为执行民事法律基本制度而由行政法规进行细化而制定的，实际上是对民事法律的补充。民法总则中直接规定依照行政法规处理民事行为的有15个条文：第58条、第68条、第70条、第74条、第85条、第89条、第92条、第94条、第99条、第100条、第103条、第135条、第143条、第153条。物权法中有14个条文中对行政法规有规定。合同法有6个条文直接引致行政法规。二是全国人大及其常委会授权国务院制定的本属于应当制定法律的民事事项的行政法规，此类行政法规实质上代行民事法律职能。立法法第9条规定，“本法第八条规定的事项尚未制定法律的，全国人民代表大会及其常务委员会有权作出决定，授权国务院可以根据实际需要，对其中的部分事项先制定行政法规，但是有关犯罪和刑罚、对公民政治权利的剥夺和限制人身自由的强制措施和处罚、司法制度等事项除外。”如医疗事故处理条例即属此类。国务院制定的民事法规有两类：一类是根据政府行政职能，为立法部门制定的法律配套的，如企业法人登记管理条例、著作权法实施条例、专利法实施细则；还有一类是含有民事法律规范的单行行政法，如土地管理法、城市房地产管理法、城市私有房屋管理条例。

（四）地方性法规

2015年以前，地方性法规包括三种：一是省、自治区、直辖市人民代表大会及其常委会制定的地方性法规；二是较大的市的人民代表大会及其常委会制定的地方性法规（较大的市是指省、自治区的人民政府所在地的市，经济特区所在地的市和经国务院批准的较大的市）；三是经济特区所在地的省、市人民代表大会及其常务委员会根据全国人民代表大会的授权决定制定的，在经济特区范围内实施的法规。2015 年立法法修改以后，将地方性法规立法权限下放到设区的市一级人大，范围大大扩展。在 2015 年以前，最高人民法院一直对适用地方性法规作为民事裁判依据持肯定态度。地方性法规在不违反国家法律、行政法规的前提下，可以适用或者参照，《最高人民法院关于裁判文书引用法律、法规等规范性法律文件的规定》则规定直接引用，也即应当适用而非参照。但这是建立在 2015 年立法法修改之前地方性法规范围较小和层级较高的前提下的。2015 年立法法修改后，是否所有的地方性法规都可以作为民法的法源，应依照立法法规定处理。立法法第 72 条第 2 款规定，“设区的市的人民代表大会及其常务委员会根据本市的具体情况和实际需要，在不同宪法、法律、行政法规和本省、自治区的地方性法规相抵触的前提下，可以对城乡建设与管理、环境保护、历史文化保护等方面的事项制定地方性法规，法律对设区的市制定地方性法规的事项另有规定的，从其规定。”第 73 条第 2 款规定，“设区的市、自治州根据本条第一款、第二款制定地方性法规，限于本法第七十二条第二款规定的事项。”依此，设区的市的人民代表大会及其常务委员会只可以对城乡建设与管理、环境保护、历史文化保护等方面的事项制定地方性法规，对于民事制度不得制定地方性法规。能够作为民事法律渊源的地方性法规，仍然限定在省级人大及其常委会、较大的市和经济特区的市人大及其常委会制定的符合立法法第 73 条规定事项的地方性法规。地方性法规的适用范围应当限于该行政区划领域。

（五）自治条例和单行条例

立法法第 75 条规定，“民族自治地方的人民代表大会有权依照当地民族的政治、经济和文化的特点，制定自治条例和单行条例。自治区的自治条例和单行条例，报全国人民代表大会常务委员会批准后生效。自治州、自治县的自治条例和单行条例，报省、自治区、直辖市的人民代表大会常务委员会批准后生效。自治条例和单行条例可以依照当地民族的特点，对法律和行政法规的规定作出变通规定，但不得违背法律或者行政法规的基本原则，不得对宪法和民族区域自治法的规定以及其他有关法律、行政法规专门就民族自治地方所作的规定作出变通规定。”自治条例是规范和保障居住在县级以上聚居区的少数民族的平等权利和自治权利的综合性自治法规。单行条例是关于规范自治地方某一方面具体事项的自治法规，解决某个方面的民族关系问题，实质上就是一种变通之权。据不完全统计，1984 年民族区域自治法颁布后，截至 2008 年年底，各民族自治地方制定现行有效单行条例达 510 件，包括了婚姻、继承、未成年人保护、环境保护以及土地、森林、草原管理等民事事项。[①] 2000 年以前对法律作出变通和补充规定的有 60 多个。民族区域自治地方制定的自治条例和单行条例的民事规范，只要不违反法律和行政法规的原则，特别是其变通规定和补充规定，应当作为民事法律的渊源，但其应仅适用于该民族自治地方。

（六）规章

规章又称行政规章，主要是行政机关为执行法律、国务院的行政法规、决定和命令、地方性法规而制定的规范性法律文件，包括国务院有关部门制定的部门规章和地方政府制定的规章。行政规章的法律效力位阶低于法律、行政法规，地方政府规章的法律效力位阶又低于地方性法规，性质上属于立法法意义上的附带立法。[②] 对于规章是否得为民法的渊源，学说上素有争议。否定说应值肯定，一是由于规章的法律效力位阶较低，依立法法规定不具有民事立法权；二是最高人民法院有关司法解释明确民事案件不得引用行政规章，法院在审理案件时可以参照适用，仅为“裁判说理依据”，行政规章不列为民事法律的渊源最为妥当。

（七）国际条约、国际惯例

民法通则第 142 条规定，“涉外民事关系的法律适用，依照本章的规定确定。中华人民共和国缔结或者参加的国际条约同中华人民共和国的民事法律有不同规定的，适用国际条约的规定，但中华人民共和国声明保留的条款除外。中华人民共和国法律和中华人民共和国缔结或者参加的国际条约没有规定的，可以适用国际惯例。”我国政府签署并经全国人大批准的国际公约或双边协定，具有与国内法等同的法律效力，也是法律重要的渊源之一，如《联合国国际货物销售合同公约》《保护工业产权巴黎公约》等。《国际法院规约》第 38 条是对国际法的法律渊源最权威的表述，所谓国际惯例即作为通例之证明而经接受为法律者，指在国际实践中反复使用形成的，具有固定内容的，未经立法程序制定的，如为一国所承认或当事人采用，就对其具有约束力的一种习惯做法或常例。国际惯例就是国际习惯法。在国际商事交易中普遍适用并被公

① 全国人大常委会法制工作委员会研究室：《立法法条文释义》，人民法院出版社 2000 年版。

② 郑淑娜主编：《中华人民共和国立法法释义》，中国民主法制出版社 2015 年版，第 208 页。

认为国际惯例的《国际贸易术语解释通则》《跟单信用证统一惯例》《华沙—牛津规则》等。

二、习惯

总结我国多年来的民事立法经验，并参考国外立法例，民法总则增加规定习惯为民法的渊源，这是一次重大改变。虽然民法通则没有规定习惯作为民法的法源，但此后的单行立法则明确规定了一些习惯为民法法源。物权法第85条和第116条规定相邻关系和孳息取得可以适用“当地习惯”，合同法有9个条款规定了“交易习惯”，民族区域自治法、老年人权益保障法、《全国人民代表大会常务委员会关于〈中华人民共和国民法通则〉第九十九条第一款、〈中华人民共和国婚姻法〉第二十二条的解释》规定了“风俗习惯”，海商法规定了“习惯”。《最高人民法院关于适用〈中华人民共和国婚姻法〉若干问题的解释（二）》第10条规定了“习俗”。多年来，我国民事单行法已经明确承认习惯作为民法的法源地位。此次民法总则进一步明确规定习惯作为整个民法的一般法源。

习惯，是指在某区域范围内，基于长期的生产生活实践而为社会公众所知悉并普遍遵守的生活和交易习惯。习惯是人们长期生活经验的总结，它既是人与人正常交往关系的规范，也是生产生活实践中的一种惯行。此种惯行得到了人们的普遍遵守，尤其是对一些习惯而言，其效力在长期的历史发展过程中已经得到了社会公众的认可，长期约束人们的行为，因此也被称为“活的法”。① 习惯根据其适用，可以分为区域性习惯和行业性习惯、生活习惯和交易习惯等。

通常作为民法法源的“习惯”，限于习惯法，即国家认可的民事习惯。②《瑞士民法典》第1条明确规定为习惯法，韩国民法典亦同。我国台湾地区“民法”第1条规定中的“习惯”，通说也认为是指习惯法，不包括事实上的习惯。③ 少数学者认为仅指习惯，习惯法应包含在“法律”之中。④ 本条规定的习惯的性质如何认识，是一个颇有价值的问题。我们认为，本条规定的习惯

---

① 王利明：《论习惯作为民法渊源》，载《法学家》2016年第11期。

② 佟柔主编：《中国民法》，法律出版社1990年版，第17页；王利明：《民法总则研究》，中国人民大学出版社2003年版，第62页。

③ 史尚宽：《民法总论》，中国政法大学出版社2000年版，第81页；胡长清：《中国民法总论》，中国政法大学出版社1997年版，第29～30页；王泽鉴：《民法总则（增订版）》，中国政法大学出版社2001年版，第57页。

④ 梅仲协：《民法要义》，中国政法大学出版社1998年版，第49页；黄立：《民法总则》，中国政法大学出版社2002年版，第45～47页。

与物权法、合同法、老年人权益保护法等法律和司法解释规定的“交易习惯”“当地习惯”和“风俗习惯”有的相同，有的不同。民法总则第10条规定的习惯，是在法律没有明确规定的情况下，才可以适用，是制定法的补充。物权法、合同法、老年人权益保护法等规定的习惯，有的是在没有法律法规时适用，如物权法第85条规定，“法律、法规对处理相邻关系有规定的，依照其规定；法律、法规没有规定的，可以按照当地习惯。”有的是优先于法律适用，《全国人民代表大会常务委员会关于〈中华人民共和国民法通则〉第九十九条第一款、〈中华人民共和国婚姻法〉第二十二条的解释》规定，“少数民族公民的姓氏可以从本民族的文化传统和风俗习惯。”优先于法律规定适用。有的是在法律规定之前优先适用，如合同法第61条规定，“合同生效后，当事人就质量、价款或者报酬、履行地点等内容没有约定或者约定不明确的，可以协议补充；不能达成补充协议的，按照合同有关条款或者交易习惯[①]确定。”劣后于约定，但优先于合同法第62条规定适用。海商法第49条第1款规定，“承运人应当按照约定的或者习惯的或者地理上的航线将货物运往卸货港。”习惯和约定、地理航线并列。还有一种通过法律规定要转化为法律规范才能具有法律效力，民族区域自治法第10条规定，“民族自治地方的自治机关保障本地方各民族都有使用和发展自己的语言文字的自由，都有保持或者改革自己的风俗习惯的自由。”老年人权益保障法第83条规定，“民族自治地方的人民代表大会，可以根据本法的原则，结合当地民族风俗习惯的具体情况，依照法定程序制定变通的或者补充的规定。”

【审判实践中应注意的问题】

一、关于国家政策问题

民法通则第6条规定，法律没有规定的，应当遵守国家政策。国家政策属于调整民事关系的法律依据。其理由为“法律通常是比较原则的规定，并且具有一定的相对稳定性。特别是我国的经济体制还在改革过程中，有些不大成熟的东西，暂时法律还没有规定。随着经济体制改革的发展和深入，还会不断产生新的民事法律关系。这些新的关系，不可能立即反映在法律中。与此同时，政策同法律相比，更灵活，更具体，可以及时反映社会经济关系的变化，并对很多具体问题有较详细的规定。因此，为了使一切民事活动有所遵循，在

① 合同法第22条、第26条、第60条、第92条、第125条、第136条、第293条、第368条规定了交易习惯。

法律还没有规定的情况下，应当遵守国家政策，不能等待一切法律完备了才去执行，也不能认为民事活动只遵守法律，可以不遵守政策，这样做是错误的。需要指出的是，这里讲的政策，是指国家根据社会发展的实际情况，在来不及制定法律时，由国家统一制定的必要的和急需的政策，或在法律只有原则规定的情况下，制定具体实施办法。而不是随便哪个部门、哪个地区制定的政策，更不是一些违反法律基本原则的土政策。”① 有学者认为，国家政策作为民法法源是有缺陷的，因为：第一，政策不具有稳定性；第二，政策往往不以公告的形式告之于全体国民，而只以内部文件的形式下达给各有关机关，要求当事人遵循这种政策，实际上是要求他们按对其秘而不宣的规则行事，使当事人无法预知其行为的后果，获得行为的安全性；第三，政策的规范性太弱，缺乏对具体行为的指导性和可操作性。该学者也指出，民法通则将国家经济计划和社会公德作为法律渊源也存在问题。② 我们认为，国家政策作为民法的渊源，在民法通则制定时具有合理性。随着我国市场经济体制的建立和健全，依法治国方略的全面推进，不宜再将国家政策作为直接的民法渊源。主要理由有：

一是中国特色社会主义法律体系已经基本建成，民事法律已经基本完备，基本解决了无法可依的问题，适用国家政策增补民事法律漏洞的空间已经非常小了。

二是十八大后全面加强依法治国，法治的基本内涵在于依照法律而不是依照政策来治理社会关系。

三是国家政策的优势是灵活性，但其缺点是其不稳定和不公开性，不利于形成社会关系的稳定预期。

四是国家政策不作为民法渊源，并不等于说国家政策在调整民事关系和民事司法裁判中不发挥作用。国家政策的出台既可以形成社会行为的引导，也会在相关领域通过配套的经济和行政手段规范人们的行为。同样在司法裁判中，国家政策可以通过民法中引致条款发挥作用，如认定为不可抗力、情事变更、社会公共利益等情形，或者作为诚实信用原则、公序良俗原则的新内涵以平衡当事人的利益以及个人利益与社会利益，国家政策的目的同样可以实现。我国经济社会各个方面，仍然存在着很多重要政策，对民事活动具有很强的约束，如小产权房法律问题，房屋限购问题等，《最高人民法院关于适用〈中华人民

① 民法通则讲话编写组：《民法通则讲话》，经济出版社1986年版，第35~36页。

② 徐国栋：《论民法的渊源》，载《法商研究》1994年第6期。

共和国民事诉讼法〉的解释》第28条规定了政策性房屋的概念，国家政策可以作为裁判说理的依据。

二、关于习惯的适用问题

我国地域广阔，历史悠久，民族众多，各地均形成了一些各有特点的习惯和风俗。作为民法的法源，并不是所有的习惯都成为法律规范。正如中华民国“民法典”立法理由所说，“习惯之效力，欧美各国立法例本自不同。我国幅员辽阔，礼俗互殊，各地习惯，错综不齐，适合国情者固多，而不合党义违背潮流者亦复不少，若不严其取舍，则偏颇窳败，不独阻碍新事业之发展，亦将摧残新社会之生机，殊失国民革命之本旨。”[①] 民法总则第10条明确规定，习惯不得违背公序良俗。在审判中适用习惯作为裁判依据，应当注意把握认定习惯的条件。

王利明教授认为判断是否构成民法法源的习惯，应当同时具备积极条件和消极条件。[②] 习惯的积极条件包括：一是具有长期性、恒定性、内心确信性。即在足够长的时间内，不断地重复之行为规则，并为人民们所认同。二是具有具体行为规则属性。某一习惯要成为民法渊源，其应当具有具体行为规则的属性。能够作为法律渊源的习惯不同于人们内心的道德规范，其并非宽泛的道德评价标准，而应当能够具体引导人们的行为，即具有具体行为规则的属性。习惯法作为人们生产生活中实际遵守的行为规则，相关内容应当是预先明确的，行为的界限是清晰的。它已经在社会生活实践中自发地调整人们的行为，是为特定区域、行业、圈子内的社会成员所普遍认可的规则，成为了这些社会成员的共同法律信念。三是具有可证明性。由于作为习惯法本体的习惯是长期形成的，而且人们对此具有内心确信，因此习惯法具有可证明性。同时，习惯法的本体是长期适用的习惯，是一项事实问题，应该遵循“谁主张谁举证”的规则，因此援引习惯法的当事人应当举证证明习惯法的存在。

习惯的消极条件是不得违背公序良俗。那些符合公序良俗原则和国家整个法制精神相统一的习惯，可以被承认为习惯法；反之，那些违背公序良俗，与一国整体法治精神相违背的习惯，则无法被承认为习惯法。除法律有特别规定外，地方性或职业性的习惯也不能发生法的效力。习惯要转化为习惯法并成为民法的渊源，必须经过“合法性”判断，即不得违反法律的强制性规定和公序良俗。公序良俗，是指公共秩序和善良风俗。史尚宽先生认为，公共秩序，

---

① 转引自谢振民编著，张知本校订：《中华民国立法史》下册，中国政法大学出版社2000年版，第755页。

② 王利明：《论习惯作为民法渊源》，载《法学家》2016年第11期。

是指国家社会的存在及其发展所必需的一般秩序，如个人之言论、出版、信仰、营业之自由，以至私有财产、继承制度。善良风俗，是指国家社会的存在及其发展所必需的一般道德。违背公序良俗的习惯，不仅与整个社会公认的伦理道德观念相冲突，也是对法秩序的破坏，因此各国概不予认可。例如，如寡妇改嫁不得带走财产、禁止嫁出去的女儿享有继承权、婚礼上闹伴娘等陈规陋习，应当严格禁止，不能成为法律规范。

三、关于习惯的证明

《最高人民法院关于适用〈中华人民共和国合同法〉若干问题的解释(二)》第7条规定，“下列情形，不违反法律、行政法规强制性规定的，人民法院可以认定为合同法所称‘交易习惯’：(一) 在交易行为当地或者某一领域、某一行业通常采用并为交易对方订立合同时所知道或者应当知道的做法；(二) 当事人双方经常使用的习惯做法。对于交易习惯，由提出主张的一方当事人承担举证责任。”该规定明确了交易习惯是一种事实，不同于法律规则的适用。当事人主张适用交易习惯作为裁判依据的，应当举证证明习惯的存在。该规定是否完全适用于民法总则第10条规定的习惯，是值得研究的问题。笔者认为，正如前文所分析的，民法总则规定的习惯与合同法规定的交易习惯以及其他法律上规定的“当地习惯”“风俗习惯”“习惯”并不完全相同。具体可以分为三类：一是已经上升为法律规范的习惯，如已经被自治条例和单行条例明确规定的少数民族风俗习惯，海商法规定的与法律和约定同等效力的习惯，实质上习惯已经转化为法律；二是民法总则规定的习惯和物权法第85条等规定的作为法律没有规定时补充性法源的习惯；三是合同法规定的劣后于当事人约定但优先于合同法任意性规范的交易习惯。前两种情形，属于习惯法的范畴，后一种情形属于单纯的事实习惯，还不能称之为习惯法。无论是习惯法还是习惯，由于其非成文法源，在诉讼中都应当作为一项事实由当事人承担举证证明责任。同时，习惯法作为一项法源，亦属于法官依法进行调查取证的事项。正如王泽鉴先生所言，习惯法不得悖于公序良俗，主张习惯法者，对于习惯法的存在，“固应负举证责任，唯法律亦应依职权调查之”。[①] 对于交易习惯应当由当事人负举证证明责任，不宜列为法院依职权调查取证的事项。

民法总则第10条确定习惯作为解决民事纠纷的法律渊源，为人民法院从当地实际出发，妥善化解民间民事纠纷提供了法律依据。各地人民法庭、基层

① 王泽鉴：《民法总则》，中国政法大学出版社2000年版，第58页。

法院就要善于运用这种“资源”。要用好习惯这种资源，就要注意鉴别习惯与法律、公序良俗不相冲突的行为规则，特别要注意它的地域性、民族性、行业性，特别要注意民间习惯与宗教教义的区别，防止宗教干预世俗生活。习惯作为处理民事纠纷的法律渊源在我国还是新生事物，要积极稳妥地推进。

四、关于司法解释

司法解释是法律赋予最高人民法院的一项审判职权，可以对审理案件中的法律适用问题作出解释。司法解释是否属于民法的法源问题，在本次民法总则起草过程中虽有讨论，但并没有成为讨论的重点。各界对司法解释的法律地位的认识这几年随着立法的推进，有一个明显的变化。1981 年，全国人大常委会制定的《关于加强法律解释工作的决议》规定“凡属于法院审判工作中具体应用法律、法令的问题，由最高人民法院进行解释。凡属于检察院检察工作中具体应用法律、法令的问题，由最高人民检察院进行解释。最高人民法院和最高人民检察院的解释如果有原则性的分歧，报请全国人民代表大会常务委员会解决或决定。”人民法院组织法第 33 条规定，“最高人民法院对于在审判过程中如何具体应用法律、法令的问题进行解释。”2006 年制定的各级人民代表大会常务委员会监督法第 31 条、第 32 条、第 33 条规定“最高人民法院、最高人民检察院作出的属于审判、检察工作中具体应用法律的解释”明确列为须向全国人大常委会备案审查的规范性文件，受全国人大常委会监督，并可以要求修改、废止。2015 年《中华人民共和国立法法》第 104 条第 1 款规定，“最高人民法院、最高人民检察院作出的属于审判、检察工作中具体应用法律的解释，应当主要针对具体的法律条文，并符合立法的目的、原则和原意。遇有本法第四十五条第二款规定情况的，应当向全国人民代表大会常务委员会提出法律解释的要求或者提出制定、修改有关法律的议案。”因此，中国的司法解释应当作一种法律制度来对待，是中国法律解释中与立法解释并列的正式解释，是最高司法机关对国家成文法律进行的理解和阐释，具有法律效力。从司法解释的性质来看，法律已经赋予其准立法的地位。① 尽管民法总则没有明确司法解释的法源地位，但就其作用来说，具有细化和补充民法作为裁判依据的法律效力，可以作为法律应有内容对待。

司法解释具备特别的程序和形式要求，最高人民法院制定了相应的司法解释工作规范文件，对司法解释的形式、内容、程序、公告、效力等都有明确规

① 梁慧星：《裁判的方法》，法律出版社 2003 年版，第 67 页。

定。最高人民法院的司法解释包括规定、解释、批复和决定四类，涉及司法协助的还有安排一类。1997 年以后，最高人民法院的司法解释文号统一为法释字，在形式上已经明确，可以与相关的司法性文件相区别。

从内容上来看，司法解释是法律解释，是对既有法律的解释，其对象只能是法律。① 按照立法法的规定，司法解释应当主要针对具体的法律条文，并符合立法的目的、原则和原意。凡是不属于对法律适用问题进行解释的司法性文件，不应当作为司法解释，更不能成为裁判案件的依据，产生法律效力。

对于司法解释的法律效力，在理论上，无论是准立法说，② 习惯法说，③ 还是司法法说，④ 都不否认司法解释的法律效力。最高人民法院和最高人民检察院制定的司法解释规范文件也明确规定了司法解释的法律效力和作为裁判依据的地位。新中国成立以来，人民法院的司法实践中，司法解释一直作为裁判的法律依据。在引用规则上，司法解释应当在法律之后引用，而在一个案件中同时引用地方性法规、自治条例和单行条例时，原则上，司法解释应当排在法律、行政法规、地方性法规、自治条例和单行条例之后。

五、关于案例

我国是成文法国家，目前没有判例制度。对于最高人民法院和最高人民检察院创制的指导案例制度，在其性质上不属于判例，其不具有法源意义上的法律效力。根据最高人民法院关于案例指导工作的规定及其实施细则，明确规定指导性案例不得作为裁判的依据，而仅是对相似案例具有参照效力，即在说理部分可以引用指导性案例的裁判要点，作为说理的依据。

---

① 对司法解释的对象，有法律规范说和法律条文说两种观点。笔者认为，司法解释的对象应当从司法解释的目的进行判断，司法解释的目前是为了解决司法中具体适用法律的问题，因此解释的对象只能是作为案件裁判依据的法律、法规等规范性文件，如《最高人民法院关于裁判文书引用法律、法规等规范性法律文件的规定》第 2 条规定，可以引用的规范性文件包括法律及法律解释、行政法规、地方性法规、自治条例或者单行条例、司法解释。除了司法解释本身，其他都应当属于司法解释的对象范畴。当然具体到刑事、民事和行政不同类型司法解释有明确的范围差异。具体可见上述规定的第 3 条、第 4 条、第 5 条。

② 梁慧星：《裁判的方法》，法律出版社 2003 年版，第 67 页。

③ 曹士兵：《最高法院裁判、司法解释的法律地位》，载《中国法学》2006 年第 3 期。

④ 陈兴良、周光权：《刑法司法解释的限度——兼论司法法之存在及其合理性》，载《法学》1997 年第 3 期。

［立法司法动态］

最高人民法院
《关于审理银行卡民事纠纷案件若干问题的规定》（征求意见稿）向社会公开征求意见的公告

（2018年6月6日）

为正确审理银行卡民事纠纷案件，保护各方当事人的合法权益，依照《中华人民共和国商业银行法》《中华人民共和国合同法》《中华人民共和国侵权责任法》等有关法律规定，结合司法实践，最高人民法院起草了《关于审理银行卡民事纠纷案件若干问题的规定》（征求意见稿）。为进一步完善该司法解释，更好地保护当事人的合法权益，现通过最高人民法院官网、中国法院网等向社会公开征求意见，欢迎社会各界人士踊跃提出宝贵意见。具体的修改意见反馈可采取书面寄送或者电子邮件的方式，并请在提出建议时说明具体理由。书面意见可寄给北京市东城区东交民巷27号，最高人民法院民事审判第二庭毕肖林，邮编100745；电子邮件请发送至邮箱111xuexue@163.com。本次征求意见截止日期为2018年6月30日。

特此公告！

最高人民法院

关于审理银行卡民事纠纷案件若干问题的规定

（征求意见稿）

为正确审理银行卡民事纠纷案件，保护各方当事人的合法权益，依照《中华人民共和国商业银行法》《中华人民共和国合同法》《中华人民共和国侵权责任法》等有关法律规定，结合司法实践，制定本规定。

一、适用范围

第一条（适用范围） 持卡人与发卡行、非银行支付机构、特约商户等相关主体之间因申领、使用银行卡等行为产生的民事纠纷，适用本规定。

本规定所称银行卡民事纠纷，包括借记卡纠纷和信用卡纠纷。

二、信用卡透支

第二条（全额支付利息条款的效力）

【方案一】持卡人选择最低还款额方式偿还信用卡透支款并已偿还最低还款额，其主张按照未偿还透支额计付记账日到还款日的透支利息的，人民法院应予支持。

【方案二】发卡行对“按照最低还款额方式偿还信用卡透支款、应按照全部透支额收取从记账日到还款日的透支利息”的条款未尽到合理的提示和说明义务，持卡人主张按照未偿还透支额计付透支利息的，人民法院应予支持。发卡行虽尽到合理的提示和说明义务，但持卡人已偿还全部透支额百分之九十，持卡人主张按照未偿还数额计付透支利息的，人民法院应予支持。

第三条（过高利息、复利、违约金的调整） 发卡行请求持卡人按照信用卡合同的约定支付透支利息、复利、违约金等，或者支付分期付款手续费、违约金等的，对于未超过年利率24%的数额，人民法院应予支持；对于超过年利率36%的数额，人民法院不予支持；对于超过年利率24%，未超过年利率36%的数额，持卡人自愿支付后请求返还的，人民法院不予支持。

第四条（诉讼时效中断） 具有下列情形之一的，应当认定发卡行向持卡人主张了透支债权，诉讼时效中断：

（一）发卡行按约定在持卡人账户或者其他相关联账户中直接扣划透支款本息的；

（二）发卡行使用持卡人预留的电话、通讯地址、电子邮箱等联系方式催收债权，催收通知到达持卡人，或者非因发卡行原因应到达而未实际到达持卡人的；

（三）发卡行以持卡人恶意透支存在犯罪嫌疑为由向公安机关报案主张权利的；

（四）其他可以认定为诉讼时效中断的情形。

前款第（二）项规定情形，书面催收通知的签收人可以是持卡人本人、持卡人同住的具有完全行为能力的家属或者持卡人授权主体。

三、伪卡交易

第五条（伪卡交易的概念） 本规定所称伪卡交易，是指他人伪造银行卡刷卡进行取现、消费、转账等，导致持卡人银行卡账户资金减少或者透支数额增加的行为。

第六条（举证责任及事实认定） 持卡人主张存在伪卡交易事实的，可以提供刑事判决、案涉银行卡交易时其持有的真卡、案涉银行卡交易时及其前后银行卡账户交易明细、报警记录、挂失记录等证据进行证明。

发卡行主张争议交易为持卡人本人交易或者持卡人授权交易的，应承担举证证明责任。

人民法院应当全面审查当事人双方提交的证据，结合交易行为地与真卡所在地距离、交易时间和报案时间、持卡人身份、持卡人用卡习惯、持卡人在银行卡被盗刷后的表现等事实，根据高度盖然性证明标准和优势证据规则，综合判断是否存在伪卡交易事实。

第七条（发卡行的通知义务）

【方案一】因发卡行未即时告知持卡人银行卡账户交易变动情况，导致无法查明伪卡交易事实的，发卡行应承担举证不能的法律后果。发卡行以持卡人未购买有偿手机短信通知服务为由主张不负有手机短信通知义务的，人民法院不予支持，持卡人没有手机或者双方约定采用其他方式通知的情形除外。

发卡行有证据证明其已即时发出通知，该通知已到达或者非因发卡行原因应到达而未实际到达持卡人的，应认定发卡行尽到通知义务。

【方案二】因发卡行未即时告知持卡人银行卡账户的变动情况，导致无法查明伪卡交易事实的，发卡行应承担举证不能的法律后果。发卡行以持卡人未对单笔交易额超过200元的银行卡交易购买有偿手机短信通知服务为由主张不负有该通知义务的，人民法院不予支持，持卡人没有手机或者双方约定采用其他方式通知的情形除外。

发卡行有证据证明其已即时发出通知，该通知已到达或者非因发卡行原因应到达而未实际到达持卡人的，应认定发卡行尽到通知义务。

第八条（持卡人的告知、报警或挂失义务） 持卡人在知道或者应当知道发卡行发送了银行卡账户交易变动的通知后，未及时告知发卡行存在伪卡交易事实、挂失或报警，导致无法查明伪卡交易事实的，应承担举证不能的法律后果。

第九条（发卡行的核实、保全证据义务） 发卡行在持卡人告知伪卡交易后，未及时向持卡人核实银行卡的持有及使用情况，无合理理由未及时提供对账单或监控录像等证据，导致有关证据无法取得的，应承担举证不能的法律后果。

第十条（借记卡的伪卡交易责任） 发生借记卡伪卡交易，持卡人请求发卡行依照借记卡合同的约定，向其支付本金和利息的，人民法院应予支持。

发卡行举证证明持卡人对借记卡伪卡盗刷具有过错，主张在持卡人的过错范围内减轻或者免除发卡行责任的，人民法院应予支持。

持卡人未及时采取措施防止损失扩大，发卡行主张持卡人应自行承担扩大损失责任的，人民法院应予支持。

第十一条（信用卡的伪卡交易） 发生信用卡伪卡交易，发卡行请求持卡人根据合同的约定偿还透支款及利息的，人民法院不予支持。持卡人请求发卡行返还扣划的银行卡透支款本息并赔偿损失的，人民法院应予支持。

发卡行举证证明持卡人对信用卡伪卡盗刷具有过错，主张在持卡人的过错范围内减轻或者免除发卡行责任的，人民法院应予支持。

持卡人未及时采取措施防止损失扩大，发卡行主张持卡人应自行承担扩大损失责任的，人民法院应予支持。

第十二条（发卡行的求偿权） 因收单机构、特约商户等主体未尽审核义务导致伪卡盗刷，持卡人诉请发卡行承担违约责任，发卡行承担责任后向存在过错的收单机构、特约商户追偿的，人民法院应予支持。

第十三条（伪卡盗刷人的侵权责任） 发卡行承担违约责任后，依法请求伪卡盗刷人承担赔偿责任，或者收单机构、特约商户承担责任后，依法请求伪卡盗刷人承担赔偿责任的，人民法院应予支持。

第十四条（不良征信记录禁止） 发卡行知道或者应当知道存在伪卡交易争议、在伪卡交易责任确定之前或在确定持卡人不应对伪卡交易承担责任的情形下，对持卡人做不良征信记录，持卡人请求发卡行撤销该不良征信记录的，人民法院应予支持。

四、网络盗刷

第十五条（网络盗刷的概念） 本规定所称网络盗刷，是指他人冒用持卡人名义、使用持卡人网络交易身份认证信息进行网络交易，导致持卡人银行卡账户资金减少或者透支金额增加的行为。

第十六条（举证责任及事实认定） 持卡人主张存在网络盗刷事实的，可以提供刑事判决、案涉时间及其前后其持有银行卡以及其未进行网络交易、其与收款人没有基础法律关系、其持有银行卡所在地地址与网上交易 IP 地址不同、网络异常交易记录、报警记录、挂失记录等证据进行证明。

发卡行、非银行支付机构主张争议交易为持卡人本人交易或者持卡人授权交易的，应承担举证证明责任。发卡行、非银行支付机构应提交由其持有的案涉交易行为发生时的电子交易记录等证据，无合理理由拒不提供的，应承担举证不能的法律后果。

第十七条（发卡行、非银行支付机构的信息披露义务） 发卡行与持卡人签订银行卡合同时，未告知持卡人银行卡具有网络支付功能，或者未告知发卡行与非银行支付机构合作开展通过非银行支付机构支付平台关联银行卡交易等信息，持卡人以其未与发卡行就上述网络支付条款达成合意为由，主张不承担银行卡网络盗刷责任的，人民法院应予支持，但持卡人知道或者应当知道该网络支付功能存在并同意使用的情形除外。

发卡行虽告知银行卡具有某一种网络支付功能，但未全面告知和明确说明该网络支付业务的持卡人身份认证方式、相关交易规则、未提示该业务的法律风险、未告知风险防范措施等影响持卡人决定是否使用该网络支付功能的信息，因该网络支付功能的使用导致银行卡被盗刷，持卡人请求发卡行承担相应赔偿损失责任的，人民法院应予支持。

前述情形，发卡行有证据证明持卡人对网络盗刷具有过错的，发卡行在持卡人过错范围内减轻责任。

非银行支付机构与持卡人签订网络支付服务合同时，未向持卡人履行前两款信息披露义务的，参照前三款规定处理。

第十八条（非银行支付机构保障持卡人用卡安全义务） 非银行支付机构设定的网络支付身份认证方式、使用的网络支付系统、设备等具有安全缺陷导致银行卡被盗刷，持卡人据此请求非银行支付机构承担赔偿损失责任的，人民法院应予支持。

第十九条（先行赔付责任） 非银行支付机构或者发卡行承诺先行赔付持卡人银行卡网络盗刷损失，持卡人据此请求其承担先行赔付责任的，人民法院应予支持。

第二十条（电信运营商的责任） 他人冒用持卡人的名义更换手机用户身份识别卡，电信运营商未尽审慎审核义务予以更换，导致持卡人未能收到银行卡账户变动手机短信通知，持卡人请求电信运营商赔偿相应损失的，人民法院应予支持。

第二十一条（责任竞合） 因同一网络盗刷行为，持卡人向发卡行、非银行支付机构等任一主体请求赔偿，已经获得赔偿的部分，再向其他主体请求赔偿的，人民法院不予支持。

第二十二条（参照适用条款） 除前述已规定内容外，发卡行因网络盗刷应对持卡人承担违约责任的，参照伪卡交易的有关规定处理。

五、其他问题

第二十三条（民刑交叉之程序问题） 当事人提起的银行卡纠纷民事诉讼，符合《中华人民共和国民事诉讼法》规定的受理条件，人民法院不能仅以涉嫌刑事犯罪为由裁定不予受理或者驳回起诉；已经受理的案件，案件基本事实的查明不需要等待刑事案件审理结果的，当事人一方申请中止审理案件的，人民法院不予支持。

第二十四条（民刑交叉之证据认定） 在刑事诉讼阶段取得的勘验笔录、视听资料、电子数据、讯问笔录、犯罪嫌疑人、被告人供述、证人证言等证据，在民事诉讼程序中经过质证后，由人民法院决定是否采信。已被发生法律效力的刑事判决认定的事实，当事人无需举证，但当事人有相反证据予以推翻的情形除外。

第二十五条（民刑交叉之欠款数额的确定） 发卡行主张，在刑事案件中已返还的款项，应当依据银行卡领用合约的约定，按照费用、利息、本金的顺序从欠款数额中扣减的，人民法院应予支持。

第二十六条（电子证据） 能够通过照片、电子介质等形式体现所载内容并可以随时调取查用的电子协议、用户注册信息、身份认证信息、登陆日志、电子交易记录、手机短信、电子邮件等证据，属于民事诉讼法第六十三条规定的电子数据。

第二十七条（时间效力） 本规定施行后尚未终审的案件，适用本规定。本规定施行前已经终审，当事人申请再审或者按照审判监督程序决定再审的案件，不适用本规定。

《最新法律文件解读》丛书
稿　　约

《最新法律文件解读》是一套以为最新法律规范提供同步"解读"为主的系列丛书,分为刑事、民事、商事、行政与执行4个分册,按月出版。

本丛书以"解读"为重点,突出全、专、新、快、准等特点,通过对最新出台的法律、法规、司法解释、部门规章以及重要地方性法规进行同步动态解读,弥补了法律、法规、司法解释汇编类出版物没有同步阐释、解读内容的不足,为广大读者学习理解最新法律规范,正确贯彻执行法律文件,及时解决实践中的新情况、新问题,提供一个全方位、多层面的法律信息平台。

欢迎您向以下栏目赐稿:

【最新法律文件解读】主要是对最新颁行的法律文件进行解读,帮助司法和执法人员正确理解法律文件的立法背景、意义、重点内容、在适用中应注意的问题、与相关法律文件的衔接与互动关系等等。

【司法实务问题研究】主要刊登对司法理论、实务及司法管理工作中的热点、疑难问题进行研究及评论的文章。

【新类型疑难案例选评】主要是对司法和行政执法实践中具有典型性和代表性的疑难案例,结合具体案情以及审理或处理结果进行简练精辟的点评,解析认识问题的方法、处理问题的法律依据和在个案中的具体适用。

【法学前沿与新视点】以摘要的形式刊登相关法学理论研究的最新动态及具有代表性和典型性的前沿问题,扩展法学研究的深度和广度。

【法律适用问题解答】主要针对司法和行政执法实践中面临的新问题、热点问题、疑难问题进行简要的解答,指出涉及的法律关系,明确法律适用依据。

稿件一经刊用,即付稿酬,稿酬从优。

《刑事法律文件解读》　姜　峤　邮箱:bj85250573@126.com

《民事法律文件解读》　丁丽娜　邮箱:dlnlaw@163.com

《商事法律文件解读》　路建华　邮箱:shangshijiedu@126.com

《行政与执行法律文件解读》　张　奎　邮箱:271717306@qq.com

人民法院出版社

《最新法律文件解读》丛书编辑部